OS NOMES DO TERCEIRO REICH

RODRIGO TRESPACH

OS NOMES DO TERCEIRO REICH

A HISTÓRIA DOS PRINCIPAIS PERSONAGENS DO NAZISMO E DA ALEMANHA NA SEGUNDA GUERRA MUNDIAL

1ª edição

Rio de Janeiro | 2024

CIP-BRASIL. CATALOGAÇÃO NA PUBLICAÇÃO
SINDICATO NACIONAL DOS EDITORES DE LIVROS, RJ

T732n   Trespach, Rodrigo
   Os nomes do Terceiro Reich : a história dos principais personagens do nazismo e da Alemanha na Segunda Guerra Mundial / Rodrigo Trespach. - 1. ed. - Rio de Janeiro : Difel, 2024.

   "Edição revista e atualizada."
   Inclui bibliografia e glossário.
   ISBN 978-85-7432-157-8

   1. Guerra Mundial, 1939-1945. 2. Nazistas - Alemanha - Biografia. 3. Nazismo História. 4. Holocausto judeu (1939-1945). I. Título.

24-92803   CDD: 920.9943086
                 CDU: 929:94(43)'1933/1945'

Gabriela Faray Ferreira Lopes - Bibliotecária - CRB-7/6643

Copyright © Rodrigo Trespach, 2020, 2024

Todos os direitos reservados. Proibida a reprodução, armazenamento ou transmissão de partes deste livro, através de quaisquer meios, sem prévia autorização por escrito.

Todos os esforços foram feitos para localizar os fotógrafos das imagens neste livro. A editora compromete-se a dar os devidos créditos em uma próxima edição, caso os autores as reconheçam e possam provar sua autoria.
Nossa intenção é divulgar o material iconográfico que marcou uma época, sem qualquer intuito de violar direitos de terceiros.

Texto revisado segundo o Acordo Ortográfico da Língua Portuguesa de 1990.

Direitos exclusivos desta edição adquiridos pela Difel,
um selo da Editora Bertrand Brasil Ltda.
Rua Argentina, 171 – Rio de Janeiro, RJ – 20921-380 – Tel.: (21) 2585-2000.

Impresso no Brasil

ISBN 978-85-7432-157-8

Seja um leitor preferencial Record.
Cadastre-se no site www.record.com.br
e receba informações sobre nossos
lançamentos e nossas promoções.

Atendimento e venda direta ao leitor:
sac@record.com.br

Sumário

Apresentação	9
1. Hitler	**13**
Da juventude à Primeira Guerra	14
De agitador político a Führer	18
Eva Braun	24
A Segunda Guerra Mundial	27
O fim	31
2. A camarilha de Hitler	**35**
Rudolf Hess (1894-1987): O vice-Führer	37
Hermann Göring (1893-1946): O marechal do Reich	40
Joseph Goebbels (1897-1945): O mago da propaganda	45
Martin Bormann (1900-45): O secretário fiel	49
Albert Speer (1905-81): O arquiteto predileto	52
Wilhelm Keitel (1882-1946): O lacaio	56
Alfred Jodl (1890-1946): Oficial de gabinete	59
Karl Dönitz (1891-1980): O último líder do Terceiro Reich	61

3. Na intimidade do Führer — 65

Julius Schaub (1898-1967): O ajudante-chefe — 67
Heinrich Hoffmann (1885-1957): O fotógrafo — 69
Christa Schroeder (1908-84): A secretária — 73
Hans Baur (1897-1993): O piloto — 74
Erich Kempka (1910-75): O motorista — 78
Heinz Linge (1913-80): O valete — 79
Theodor Morell (1886-1948): O médico — 81
Otto Günsche (1917-2003): O ajudante — 84

4. Os homens do Holocausto — 87

Alfred Rosenberg (1893-1946): O "filósofo" — 89
Julius Streicher (1885-1946): O antissemita pornográfico — 93
Heinrich Himmler (1900-45): O líder da SS — 94
Reinhard Heydrich (1904-42): O "homem do coração de ferro" — 100
Adolf Eichmann (1906-62): O burocrata — 105
Hans Frank (1900-46): O "rei da Polônia" — 107
Rudolf Höss (1901-47): O comandante de Auschwitz — 110

5. A serviço do nazismo — 115

Gustav Krupp (1870-1950) e Alfried Krupp (1907-67):
  A dinastia das armas — 117
Fritz Thyssen (1873-1951): O financiador de Hitler — 120
Hjalmar Schacht (1877-1970): O mago da economia alemã — 122
Erich von Manstein (1887-1973): O estrategista — 125
Heinz Guderian (1888-1954): O general Panzer — 128
Erwin Rommel (1891-1944): A Raposa do Deserto — 131
Wernher von Braun (1912-77): O cientista espacial — 135
Leni Riefenstahl (1902-2003): A cineasta de Hitler — 138

6. A resistência ao nazismo na Alemanha — 141

Hans Scholl (1918-43) e Sophie Scholl (1921-43): Rosa Branca — 144
Martin Niemöller (1892-1984): "Primeiro vieram buscar..." — 147
Dietrich Bonhoeffer (1906-45): O mártir protestante — 149
Michael von Faulhaber (1869-1952): O cardeal — 151
Clemens von Galen (1878-1946): O Leão de Münster — 153
Wilhelm Canaris (1887-1945): O conspirador — 155
Claus von Stauffenberg (1907-44): A honra do Exército — 158

7. Nazistas no Brasil — 161

Josef Mengele (1911-79): O Anjo da Morte — 163
Franz Stangl (1908-71): O comandante de Sobibor e Treblinka — 166
Gustav Wagner (1911-80): A Besta de Sobibor — 169
Herberts Cukurs (1900-65): O Açougueiro de Riga — 172

Dramatis Personae — 175
Patentes SS — Wehrmacht — 191
Glossário — 193
Cronologia — 209
Notas — 211
Referências — 215
Créditos das imagens — 221

Apresentação

Este livro não é uma história do Terceiro Reich, tampouco do nazismo ou da Segunda Guerra Mundial. Pelo menos não do modo convencional. É a história do Terceiro Reich vista através da vida de nomes como Goebbels, Himmler, Mengele, Keitel, Guderian, Bonhoeffer e Stauffenberg, entre outros. Ao todo, são 45 biografias curtas dos principais agentes que orquestraram o Holocausto ou participaram do maior conflito político-militar da história humana, para o bem ou para o mal. Quem eram? O que pensavam e disseram sobre Hitler e seus comparsas? O que fizeram e que fim levaram? Minha ideia, desde o início deste projeto, foi a de apresentar subsídios à compreensão dos fenômenos Hitler e o nacional-socialismo, para um público brasileiro acostumado aos livros de história que desconsideram, por vezes, a importância do estudo do indivíduo.

Na primeira parte, elaboramos capítulos temáticos, de acordo com o papel que cada indivíduo teve durante o Terceiro Reich. Aqui estão os principais nomes daqueles que foram peças-chave na matança desenfreada de judeus e outras minorias étnicas e religiosas; os principais líderes e táticos militares da Wehrmacht; as pessoas que atuaram dentro do movimento de resistência ao nazismo na Alemanha; e aqueles que partilharam a intimidade de Hitler, mantendo lealdade ao ditador até mesmo depois de sua morte. O resultado é uma mistura, nem sempre clara, de militares, intelectuais, médicos, cientistas, industriais e empresários; nacionalistas, antissemitas, cavalheiros, idealistas, figuras bizarras ou grotescas. Também nessa primeira parte há biografias de não simpatizantes do nazismo, mas que de qualquer forma prestaram serviço a uma ideologia criminosa. Apenas Hitler ganhou um espaço maior, um capítulo inteiro; ainda assim, muitos aspectos de sua vida e personalidade estão espalhados ao longo de outras biografias, interligadas entre si de uma forma ou outra. Qualquer que seja o primeiro interesse do leitor, cada biografia pode ser lida ou acompanhada de forma independente, sem uma ordem cronológica tradicional, e depois complementada com a leitura de outros nomes ou verbetes.

Na segunda parte, uma lista de personagens, um glossário e uma cronologia servem de referência, tanto para leitura e compreensão do livro quanto da história do Terceiro Reich, ainda que de forma sucinta e bastante incompleta.

Como a obra contém um número considerável de biografias curtas, o uso de notas e referências no texto, embora um importante hábito do historiador, tomaria um espaço substancial da narrativa — além de tornar a leitura mais pesada para o público menos acostumado. Assim, optamos por usar notas somente nas citações longas ou quando o autor da frase ou do relato não é mencionado no texto, indicando a referência de maior importância. Todo o aparato acadêmico utilizado na pesquisa está reunido nas referências. O texto, na maioria dos casos, faz indicações aos autores citados, possibilitando que o leitor mais crítico encontre a fonte original no final do livro.

Trabalho nenhum é realizado sozinho, por isso preciso agradecer àqueles que me ajudaram a tornar esta obra possível. Agradeço ao jornalista Reinaldo José Lopes e ao músico e escritor João Barone, especialista da participação brasileira na Segunda Guerra, pela leitura crítica da obra. Ao amigo Omar Souza, que me sugeriu escrever sobre personagens históricos e que me proporcionou uma primeira publicação; a Cassiano Elek

APRESENTAÇÃO

Machado, por acreditar no projeto; ao meu editor, Lucas Telles, e à equipe do editorial da Record, Sara Ramos, Thaís Lima e Isis Batista, que trabalharam na correção e fizeram os ajustes necessários para que o livro ganhasse a forma atual. A todos, meu muito obrigado. Por último, e não menos importante, agradeço à minha família, esposa e filhos, pela paciência e amor infinito.

Rodrigo Trespach
Osório, verão de 2023

1
HITLER

Um dos responsáveis por uma hecatombe na qual aproximadamente 70 milhões de pessoas perderam a vida, Adolf Hitler é provavelmente um dos personagens mais conhecidos da história humana. Poucos nomes têm tanta notoriedade quanto o do ditador alemão. Mesmo antes do seu fim, nas ruínas de Berlim, a vida de Hitler vem sendo estudada e esmiuçada por gerações de historiadores, psicólogos e sociólogos. Joachim Fest, um de seus primeiros e mais destacados biógrafos, escreveu que a figura de Hitler era o arquétipo de tudo que de obscuro e horripilante a humanidade fora capaz de produzir, a própria encarnação do mal. O jornalista William Shirer, que conviveu com o nazismo na Alemanha e depois escreveria uma história do regime, acreditava que Hitler era "uma criatura de gênio, embora dirigido para o mal". De personalidade demoníaca e vontade férrea, para Shirer o líder nazista era um "conquistador aventureiro", implacavelmente frio, com "instintos misteriosos". Mais recentemente, o historiador Ian Kershaw, talvez a maior autoridade em Hitler ainda viva, escreveu em uma gigantesca biografia que o líder nazista sofria de distúrbio mental, era um desajustado bizarro e cruel, embora menos perverso que Stálin, outra monstruosidade do século XX.

DA JUVENTUDE À PRIMEIRA GUERRA

Filho de um rígido funcionário de alfândega, Adolf Hitler nasceu em 20 de abril de 1889, na modesta estalagem Gasthof zum Pommer, na pequena Braunau, às margens do Inn, na fronteira austríaca com a Alemanha. Seu pai, Alois, era filho de mãe solteira, a criada Maria Anna Schicklgruber. O registro de nascimento, de 1837, no entanto, não informou quem era o pai do menino, que recebeu o sobrenome materno. Uma versão antiga da família (levantada muitas décadas depois diante do Tribunal de Nuremberg pelo advogado de Hitler) dava conta de que Alois seria filho de um judeu chamado Frankenberg, em cuja casa Maria Anna trabalhara como doméstica. Durante a Segunda Guerra, a história foi investigada pela Gestapo, mas não se chegou a uma definição. Nem mesmo pesquisas genéticas realizadas em 2010 foram conclusivas quanto a possíveis origens judaicas de Hitler, que curiosamente só recebeu esse sobrenome por uma confusa história familiar, de casamentos e relacionamentos próximos.

Anos depois do nascimento de Alois, Maria Anna se casou com Johann Georg Hiedler e confiou a criação do filho a um irmão do esposo, Johann Nepomuk Hüttler. A escrita dos sobrenomes nessa época não tinha padrão; assim, Hiedler e Hüttler eram formas diferentes para identificar a mesma família, possivelmente de "origem tcheca" (de Hidlar ou Hidlareck), hipótese levantada por um dos mais famosos biógrafos do líder nazista. De qualquer forma, Alois Schicklgruber só se tornou Alois Hitler quase trinta anos depois da morte de Maria Anna, quando um idoso Johann Nepomuk solicitou ao padre que alterasse o registro de nascimento. Por esse motivo, Adolf, que era fruto de um segundo casamento de Alois, com a doméstica Klara Pölzl, sua prima em segundo grau e 23 anos mais jovem, foi registrado como Hitler, não como Schicklgruber.

Durante sua infância, Hitler acompanhou a família em várias mudanças pelo interior, nos arredores de Linz. Alois foi descrito como um

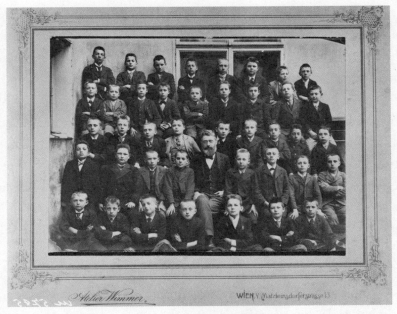

1. Hitler na escola (o primeiro à direita, na fila de cima).

funcionário honesto e disciplinado, embora um pai tirânico e esposo violento. Klara era uma mulher simples e mãe carinhosa. Em Lambach, onde o pai comprara uma granja, Hitler recebeu lições de canto em uma escola religiosa e, segundo contou posteriormente, pensou em se tornar padre. Aos onze anos, foi matriculado em uma escola secundária em Linz. Esteve longe de ser um bom aluno. Seu professor de francês relatou tempos depois que Hitler era "bem-dotado, embora apenas para certas matérias"; faltava-lhe "autodomínio". Autocrático, mal-humorado, debatedor e indisciplinado, Hitler admirava apenas o professor de História, Leopold Poetsch, um nacionalista ardoroso que, segundo o próprio aluno escreveria mais tarde, o transformou em um "jovem revolucionário".[1] O professor, porém, achava que Hitler era teimoso, arrogante e preguiçoso. Em seu último boletim, o jovem ganhou "excelente" apenas em Desenho — em todas as outras matérias, não passou de "adequado" ou "satisfatório".

Pouco depois de seu pai falecer, Hitler deixou a escola para dar início a uma vida de ócio e vagabundagem, vivendo da parca herança recebida. Chegou a Viena em 1907, onde tentou se tornar pintor. Foi reprovado duas vezes no exame de admissão da Academia de Belas-Artes. Com seu único amigo, August Kubizek, que o acompanhava desde Linz, assistia a óperas de Richard Wagner ou visitava museus e bibliotecas. "Gustl", como Hitler o chamava, também abandonara os estudos, sonhava em ser artista e era um ouvinte paciencioso. "Não era o que ele dizia que mais me atraía", lembraria Kubizek em suas memórias, "mas a maneira como dizia."[2] Sem emprego fixo e tendo gastado todo o dinheiro que tinha, Hitler sobreviveu vendendo cartões-postais ou aquarelas que pintava dos prédios históricos da capital.

A vida em Viena o marcaria profundamente, muito além de seu fracasso como artista. A capital austro-húngara era uma das cidades mais antissemitas da Europa, recheada de publicações e pensadores que pregavam os males da miscigenação entre os povos, considerada a razão dos problemas e sofrimentos alemães. O prefeito, Karl Lueger, era conhecido por nutrir ódio visceral aos judeus, e mesmo sem o apoio do imperador manteve-se por mais de uma década no governo da cidade, com altos índices de popularidade. A capacidade de articulação política e a facilidade de Lueger para mobilizar as massas por meio de velhos ressentimentos contra os judeus serviriam de exemplo para o futuro Führer. "Viena foi uma dura escola", escreveria Hitler mais tarde, "mas ensinou-me as lições mais profundas de minha vida."[3]

Às vésperas da Primeira Guerra Mundial, "repelido pela mistura das raças", como ele mesmo argumentou, Hitler deixou Viena para morar em Munique, no então Império Alemão. Na capital da Baviera, no entanto, ele continuou vivendo na marginalidade, sem ofício, morando em abrigos baratos e vendendo aquarelas. Contudo, foi detido por ter escapado do alistamento e precisou retornar para Viena. Seu certificado de baixa o descreveu como fraco e incapacitado, "inapto para o serviço militar". A eclosão do conflito mudou as coisas. De retorno a Munique, quando a mobilização de tropas teve início, Hitler acabou sendo aceito e enviado para o 16º Regimento Bávaro de Infantaria de Reserva, o "Regimento List", onde serviria no Primeiro Batalhão da Terceira Companhia.

Depois de um período de treinamento, Hitler foi enviado para a linha de frente, na Bélgica. Tinha 26 anos. Mais tarde, ele recordaria de sua primeira experiência na guerra, seu "batismo de fogo", em outubro de 1914, na primeira Batalha de Ypres, uma das mais sangrentas da primeira fase da guerra: "Então começou o concerto das balas e o estrondo dos canhões, os gritos e gemidos dos homens, e cada um se sentiu tomado pelo calor da batalha, olhos febris, indo em frente, sempre mais depressa, até que, afinal, subitamente, o combate se precipitou mais adiante, além dos campos de beterraba e sebes, na luta corpo a corpo."[4]

No mês seguinte, Hitler foi promovido a cabo, sua primeira e última promoção. Seus superiores o descreveram como "um homem calmo" e "sonhador", sem capacidade de liderança. Por isso, embora tenha sido condecorado várias vezes por bravura, duas delas com a Cruz de Ferro, ele nunca alcançou patente superior à de cabo. Às vezes, escreveu um companheiro de trincheira, com um "quepe enterrado na cabeça permanecia sentado num canto, mergulhado em seus pensamentos, e ninguém do nosso regimento era capaz de tirá-lo de sua apatia".[5]

Hitler atuava como mensageiro entre o Estado-Maior do regimento e os postos avançados na linha de frente, o que o deixava exposto a perigos como o fogo da artilharia inimiga. Feriu-se em duas ocasiões. Em 1916, na França, foi atingido na coxa esquerda e, por isso, transferido para um hospital próximo a Berlim, onde permaneceu por cinco meses. Em outubro de 1918, na Bélgica, perdeu a visão após um ataque inglês com gás mostarda. Enviado para um hospital militar na Pomerânia, lá permaneceu até o fim da guerra.

2. Hitler (à esquerda) e seus companheiros de regimento com a mascote Foxl, durante a Primeira Guerra Mundial.

DE AGITADOR POLÍTICO A FÜHRER

Em novembro de 1918, embora os exércitos do Kaiser ainda estivessem em território inimigo, estava claro para o Alto-Comando alemão que a guerra não podia ser vencida. A última ofensiva fracassara, e os soldados recuavam ou desertavam aos milhares. Uma crise econômica assolava o país e uma revolução socialista forçou a queda tanto de Guilherme II quanto da própria monarquia. A Alemanha foi obrigada a assinar um armistício e, no ano seguinte, o governo republicano aceitou os termos do Tratado de Versalhes. O país foi considerado o único culpado pela eclosão da guerra e condenado a pagar pesadas indenizações financeiras. A Alemanha perderia parte de seu território para a Polônia, França e Bélgica; a Renânia seria desmilitarizada e o Exército alemão não poderia ultrapassar um contingente de 100 mil homens. Na visão dos nacionalistas, o país não fora derrotado em batalha, mas traído, "apunhalado pelas costas". Seguiu-se o caos político, com vários grupos disputando o poder, desde restauradores monarquistas até comunistas, que pregavam a criação de uma república socialista nos moldes da URSS (União das Repúblicas Socialistas Soviéticas). Surgiram, então, os Freikorps, os "Corpos Livres", unidades paramilitares compostas por ex-soldados que lutaram contra a esquerda revolucionária. Depois de uma fase difícil, o governo conseguiu estabilizar a "República de Weimar". Apareceram, então, vários partidos políticos nacionalistas e extremistas, entre eles o Partido dos Trabalhadores Alemães, o DAP, na sigla em alemão. Em setembro de 1919, Hitler foi enviado pelo Exército para espionar as atividades do grupo, mas logo atraiu a atenção de Anton Drexler, presidente do partido, e da minguada plateia reunida ao seu redor. Excelente orador, embora um pouco histérico e descontrolado, pregando contra o Tratado de Versalhes e a república e atacando o bolchevismo e o "principal inimigo" do povo alemão, os judeus, Hitler rapidamente assumiu o controle da agremiação. No ano seguinte, o partido recebeu um novo nome, "Partido Nacional-Socialista dos Trabalhadores Alemães", Partido Nazista, ou NSDAP, na sigla em alemão, adotando como símbolo a suástica — além da bandeira com o antigo símbolo solar, logo a saudação nazista identificaria facilmente os seguidores de Hitler.

Em paralelo, Benito Mussolini, um jornalista e ex-socialista arrependido, marchava sobre Roma com seus partidários fascistas e tomava o poder na Itália. O líder italiano serviria de modelo para o líder nazista. Em novembro de 1923, Hitler tentou tomar o governo da Baviera a partir da cervejaria Bürgerbräukeller, em Munique. Entre seus apoiadores estava o general Erich Ludendorff, chefe do Estado-Maior Geral do Exército alemão durante a Primeira Guerra. O "Putsch da Cervejaria", como a tentativa de golpe ficaria conhecida, no entanto, fracassou. Dezesseis nazistas morreram no levante e Hitler foi preso junto com outros seguidores.

Levado a julgamento e condenado a cinco anos de cadeia, permaneceu apenas nove meses em Landsberg — tempo suficiente, porém, para escrever, auxiliado por Rudolf Hess, uma espécie de relato biográfico autopromocional intitulado *Mein Kampf*, ou *Minha luta*. Publicado em dois volumes entre 1925 e 1926 e recheado de termos como "esmagar", "força" e "ódio", o livro de Hitler apareceu como um manifesto político, com ideias nacionalistas, racistas, anticomunistas e antissemitas. *Mein Kampf* pregava abertamente o uso da força contra seus inimigos, advogava uma aliança com a Inglaterra e a Itália contra a União Soviética e a eliminação dos judeus da sociedade alemã — tudo que Hitler prometeu foi "luta, perigo e morte", escreveu o escritor inglês George Orwell. *Mein Kampf* se tornaria a "bíblia" nazista, vendendo cerca de 12,5 milhões de exemplares até o fim da Segunda Guerra Mundial.

O golpe fracassado e o tempo passado na cadeia, porém, serviram para que Hitler mudasse de tática. O poder deveria ser alcançado por meio das urnas. Somente depois, a República democrática seria substituída por um Estado autocrático. Nos anos seguintes, Hitler se dedicaria não apenas a atacar seus inimigos, mas também, principalmente, a desenvolver o que tinha de melhor. O líder nazista contava com o que o sociólogo Max Weber conceituara apenas alguns anos antes como autoridade ou "dominação carismática". Além de uma mente afiada e de uma memória formidável, Hitler tinha rápida compreensão, astúcia e uma habilidade de manipulação incomum, o que lhe permitia controlar tanto seu séquito quanto as massas. Possuía, por um lado, o talento nato para compreender as fraquezas da natureza humana e explorá-las como poucos. O entendimento das massas, por outro lado, era "limitado e fraco", Hitler escrevera em seu livro.

Uma de suas secretárias, Traudl Junge, observou que ele realmente "era um homem excitante, embora de aparência não exatamente atraente". Segundo ela, Hitler era dotado de "uma espécie de charme" e que isso despertava "uma fascinação natural" nas pessoas. Seus grandes olhos azuis, o lendário "olhar do Führer", também exerciam grande magnetismo e deslumbramento. No auge do poder, Hitler era quase um símbolo sexual. Não são poucos os relatos de mulheres que, ao contemplarem sua figura, foram tomadas por uma "exaltação sentimental extraordinária", como observou um biógrafo, e entregaram, por testamento, todas as suas posses ao Partido Nazista.

Apesar de toda a propaganda feita em torno de seu líder, no entanto, em 1928, o Partido Nazista ainda não era uma opção aceitável para a maioria dos alemães. Hitler era tido como um agitador que liderava um bando bizarro de desordeiros. Com a economia estabilizada, nas eleições daquele ano os nazistas obtiveram apenas 2,6% dos votos para o Reichstag, o Parlamento alemão, elegendo doze deputados de um total de 608. Entretanto, a Grande Depressão, com a quebra da Bolsa de Valores de Nova York, no ano seguinte, mudaria radicalmente essa situação. O discurso simples e direto, com inimigos facilmente reconhecíveis (o judeu, o Tratado de Versalhes e o capitalismo), e a promessa do retorno às glórias do passado alemão encontraram eco em um país cujas taxas de desemprego passavam dos 40% e o medo do retorno da hiperinflação de seis anos antes era latente — em 1923, a inflação atingira o pico de 30 mil por cento ao mês; o dólar norte-americano valia mais de 25 bilhões de marcos, o que fazia 250 gramas de pão custarem cerca de 3 bilhões de marcos.

O impacto foi visto nas eleições seguintes. Em 1930, os nazistas conseguiram 6 milhões de votos e o segundo lugar. O passo seguinte foi a disputa presidencial. O oponente de Hitler era o velho general Paul von Hindenburg, chefe do Estado-Maior do Exército alemão durante a Primeira Guerra Mundial e presidente da Alemanha havia sete anos. Derrotado, mas com quase 14 milhões de votos, em 1932 Hitler já não era mais tão facilmente descartável. Nas eleições seguintes para o Parlamento, o Partido Nazista ocupou 230 cadeiras. Àquela altura, era impossível governar sem Hitler. Em janeiro do ano seguinte, com apoio do ex-chanceler e ministro-presidente da Prússia Franz von Papen, Hindenburg nomeou Hitler chanceler. No mês de fevereiro, o Reichstag foi incendiado por um solitário militante comunista holandês, e os nazistas aproveitaram a oportunidade para conseguir do idoso presidente poderes especiais: o chanceler poderia decretar leis sem aprovação parlamentar. Pouco mais de um ano depois, Hindenburg morreu, aos 87 anos. Hitler se autodeclarou Führer, o "guia", da Alemanha. A partir daí, o país teria um rápido crescimento econômico, o desemprego foi eliminado e a produção industrial cresceu 25%. Junto, porém, vieram as leis restritivas à população judaica, a perseguição a inimigos políticos (principalmente os comunistas), o rearmamento e uma política externa agressiva que desencadearia a Segunda Guerra Mundial.

Não obstante os eventos públicos e políticos, Hitler continuou levando uma vida privada, como se não tivesse compromissos, bem distante do que se esperava de um chefe de Estado. Reunia sua camarilha no Berghof, em Obersalzberg, nas montanhas da Baviera, e promovia monólogos quase diários que duravam a noite inteira e entravam pela madrugada. "Era necessário um poderoso controle dos nervos para assistir àquelas reuniões intermináveis, diante do cenário imutável de toras queimando dentro da grande lareira", escreveu Christa Schroeder, uma de suas secretárias. Magda Goebbels, esposa do ministro da Propaganda e admiradora muito ligada a Hitler confidenciou: "Ele pode ser o Führer o quanto quiser, mas sempre se repete e entedia seus convidados."[6] Dessa forma, Hitler nunca trabalhava durante a manhã. Acordava geralmente por volta das 11 horas sendo atendido por ajudantes e serviçais leais, como Julius Schaub, Karl Krause e Heinz Linge. Seu desjejum incluía um copo de leite, pão sem sal, maçã ralada, nozes, flocos de aveia e limão. Desde o início de sua atividade política, tornara-se vegetariano, motivo pelo qual sua alimentação principal consistia em "pratos únicos", compostos quase que unicamente de feijões, ervilhas e lentilhas. Seu prato preferido era espaguete ao molho de tomate, sem caldo de carne ou gordura; de sobremesa, preferia torta de creme e chocolate. Como fitófago, Hitler tinha verdadeiro horror aos carnívoros. Seu *entourage* relataria tempos depois o hábito que ele tinha de falar à mesa sobre como a carne representava matéria morta e podre, detalhando aos convivas o esquartejamento de animais no abatedouro. Hitler detestava álcool e fumaça de cigarro e raramente bebia café ou chá preto. Gregor Strasser, concorrente de Hitler à liderança do Partido Nazista no começo dos anos 1920, achava que o ex-cabo era excêntrico demais para alguém que desejava liderar as massas: "Ele não fuma, não bebe, não come quase nada, exceto coisas verdes, não toca em nenhuma mulher!"[7]

3. Hitler com a tradicional bermuda de couro bávara, em 1925-26.

Contudo, Hitler também cultivava gostos "normais". Além do cinema e da música de Wagner, tinha paixão por carros grandes e velozes, cães e livros. Como fã da música do grande compositor alemão, notório por seu antissemitismo, Hitler era espectador cativo do Festival de Bayreuth, evento anual dedicado ao músico, organizado por sua nora, Winifred Wagner, com quem o Führer desenvolveu estreita relação de amizade. A biblioteca de Hitler, dispersa entre Berlim, Munique e Obersalzberg, tinha cerca de 16 mil exemplares, dos quais 7 mil eram títulos sobre questões militares. Ele tinha muitos livros sobre literatura, arquitetura e arte, além de uma coleção das obras de Shakespeare, que considerava superior aos grandes nomes da literatura alemã, como Goethe e Schiller — quase nada, porém, do que se esperaria de um estadista. Como diletante, Hitler pouco lia sobre direito, filosofia, religião, economia ou história mundial. Uma estimativa realizada no pós-guerra acredita que dois terços de sua coleção consistiam em livros que ele nunca leu. O jornalista Hans Beilhack, contemporâneo da Segunda Guerra Mundial, observou que Hitler "nunca procurou obter sistematicamente conhecimentos e aprendizado amplos em qualquer área específica". Mais recentemente, o historiador britânico Ian Kershaw observou que, embora seus conhecimentos fossem deficientes, tendenciosos e dogmaticamente inflexíveis, Hitler "era inteligente e sagaz".[8]

EVA BRAUN

Absorvido por inteiro pela atividade política, Hitler praticamente não teve vida particular depois de deixar a prisão, no final de 1924. Nunca se envolvera em um relacionamento duradouro com mulheres e, depois dessa época, com exceção de alguns flertes casuais, apenas duas realmente tiveram contatos íntimos prolongados com ele.

A sobrinha Angela "Geli" Raubal foi a grande paixão de sua vida. Obcecado por sua "Princesa", um possessivo Hitler fez de sua meia-irmã, Angela — mãe de Geli —, governanta em Obersalzberg para ter a jovem sobrinha sob seu teto e controle. Mais tarde, levou Geli, quase duas décadas mais jovem do que ele, para seu apartamento de Munique. Hitler exigia que mulheres mantivessem discrição quando em companhia masculina e jamais parecessem vulgares. Mas Geli era jovem e bela, conhecia bem as sensações que causava nos homens e quebrava as duas regras. Ernst Hanfstaengl, um dos mais próximos colaboradores de Hitler no final dos anos 1920, a descreveu como "uma putinha de cabeça oca, sem cérebro nem caráter". Como a campanha política naquela época tomava tempo demais do "tio Adolf", Geli, sozinha em Munique, começou a ter amantes — entre eles, o motorista de Hitler, Emil Maurice — e as fofocas começaram a circular. Em setembro de 1931, no entanto, Geli foi encontrada morta no apartamento de Hitler, na Prinzregentenplatz. As evidências são contraditórias e inconclusivas; mas a versão oficial que circulou foi a de que ela cometera suicídio. A morte da sobrinha o abalou profundamente, mas outra mulher havia entrado em sua vida (e há quem acredite que nessa época Hitler vivia um triângulo amoroso) e ocuparia cada vez mais espaço na vida privada do ditador: Eva Braun.

Eva nasceu em Munique, mas viveu e estudou em uma escola primária na cidade de Simbach, uma aldeia bávara do outro lado do rio Inn, em frente a Braunau, a cidade natal de Hitler. Os dois se conheceram em setembro de 1929, quando Eva tinha apenas dezessete anos e ele já passara dos quarenta. Ela trabalhava como assistente no estúdio de Heinrich Hoffmann, o fotógrafo oficial do líder nazista. Mais tarde, contou à irmã sobre o dia em que encontrou Hitler pela primeira vez: Eva havia subido uma escada para alcançar os arquivos que estavam nas prateleiras do alto quando o patrão "entrou acompanhado de um homem cuja idade não pude avaliar; percebi que ele tinha um bigode engraçado, vestia um casaco claro no estilo inglês e segurava um chapéu de feltro". Hoffmann apresentou Hitler a Eva como sendo *Herr Wolf*.[9]

Desde a década de 1920, ele era conhecido dentro de seu círculo mais próximo como *Wolf*, "o Lobo", a forma germânica primitiva de Adolf. Hitler acreditava que a palavra correspondia à sua ideia de mundo como uma selva, além de transmitir força, agressividade e solidão. Durante a Segunda Guerra, seu principal quartel-general, em Rastenburg, à época

Prússia Oriental, foi denominado de Wolfsschanze ("A Toca do Lobo"). Outros quartéis também receberam nomes alusivos: Wolfsschlucht I ("Desfiladeiro do Lobo"), na Bélgica; Wolfsschlucht II, na França; e Werwolf ("Lobisomem"), na Ucrânia. No final da guerra, as unidades que combatiam atrás das linhas inimigas e tinham como missão sabotar a ação dos Aliados também foram chamadas de "Lobisomens".

4. Hitler brinca com os terriers de Eva Braun no terraço do Berghof.

Para o valete de Hitler, ainda que não fosse brilhante intelectualmente, Eva Braun correspondia à ideia de mulher alemã imaginada pelo nazismo: loura e de olhos azuis. Heinz Linge afirmou que ela era bela, tinha "boas pernas, seios firmes e quadris redondos". A secretária do Führer, Traudl Junge, escreveu em suas memórias que Eva tinha "bom gosto e era discreta". Andava com elegância, pintava o cabelo e usava batom e maquiagem — principalmente nos olhos, numa época em que o batom era considerado "antifeminino" e "antigermânico" e a maioria das mulheres nazistas era "elefantina no andar".

Muitos historiadores e biógrafos afirmam que o relacionamento do casal não passou de convenção, sem relação sentimental — uns poucos acreditam que nem sequer houve relacionamento sexual. Quase todos os relatos do círculo íntimo de Hitler, porém, descrevem o caso como um "relacionamento normal". Otto Günsche, ajudante pessoal do Führer, declarou depois da guerra que Hitler e Eva tinham atividade sexual comum. A mesma opinião tinham o doutor Theodor Morell, o ministro Albert Speer, Traudl Junge e Liesl Ostertag, a ajudante de Eva, a qual declarou que o romance "não tinha a intensidade latina, mas podia ser definido como natural". Sexo, no entanto, não significa amor. Para Junge, Hitler nunca teria pronunciado a palavra "amor" e existem bem poucas pessoas que acreditam que ele fosse capaz de desenvolver esse sentimento.

A SEGUNDA GUERRA MUNDIAL

Com a economia estabilizada sob o comando de Hjalmar Schacht, em 1935 Hitler deu início à caminhada que levaria a Europa à Segunda Guerra Mundial. O recrutamento formal foi reestabelecido e o Sarre voltou à administração alemã. No ano seguinte, as tropas de Hitler ocuparam a Renânia, parte do território alemão às margens do rio Reno, na fronteira com a França, desmilitarizada desde o Tratado de Versalhes, em 1919. Foi a primeira grande aposta do ditador — o Exército havia recebido ordens de recuar, caso os Aliados se levantassem em protesto. Em março de 1938, Hitler anexou a Áustria e concretizou um antigo sonho imperial, o de criar um Estado que reunisse os dois grandes países de língua alemã da Europa Central.

O Anschluss, como ficou conhecida a anexação, foi confirmado por plebiscito em abril do mesmo ano, com 99% de aprovação — ainda que sob coerção e manipulação nazistas. O passo seguinte foi reivindicar a anexação da região dos Sudetos, na Tchecoslováquia, um país criado em 1920 segundo as determinações dos Aliados em Versalhes. Na área reclamada viviam cerca de 3 milhões de alemães étnicos. A questão foi decidida na

Conferência de Munique, em setembro de 1938. Imaginando piamente que seria o último pedido de Hitler, o primeiro-ministro britânico Neville Chamberlain cedeu às exigências do nazista. Ingênuo, ele acreditou selar "a paz para o nosso tempo". "Estamos determinados a continuar nossos esforços para remover possíveis diferenças e, assim, contribuir para assegurar a paz na Europa", vaticinava o acordo. Conforme o documento, Hitler manifestara o desejo de que os dois países jamais voltassem a entrar em guerra um contra o outro. Ainda que o Serviço Secreto Britânico soubesse das intenções do líder alemão e a Inglaterra fosse avisada pelo movimento de resistência ao nazismo dentro da Alemanha, o primeiro-ministro, os conservadores e a opinião pública britânica em geral caíram no jogo de Hitler. Possivelmente porque acreditavam que a Alemanha nazista pudesse ser uma barreira protetora contra um inimigo considerado muito mais perigoso, a União Soviética de Stálin.

Confiante na própria genialidade diplomática e na debilidade das democracias ocidentais, o Führer não via mais limite para suas ambições. Diante do inesperado sucesso da política externa do ditador, a resistência alemã, grupo que reunia militares e políticos que se opuseram à política expansionista nazista e projetaram um golpe, ficou de mãos atadas. A popularidade de Hitler, que destruíra o Tratado de Versalhes sem disparar um único tiro, frustrou qualquer ação da pequena associação de opositores ao regime. "Capitulação total", escreveu o prefeito de Leipzig, Carl Goerdeler, um influente membro da resistência. Com o consentimento de um aterrorizado e infartado presidente tcheco, em março do ano seguinte a Alemanha invadiu o que sobrara da Tchecoslováquia, que foi incorporada à Alemanha sob o nome de "Protetorado da Boêmia e Morávia". Antes disso, em 30 de janeiro de 1939, em discurso ao Reichstag, Hitler prometeu a "aniquilação da raça judaica da Europa".

A exigência nazista seguinte foi a anexação de Danzig e do corredor polonês, parte da Prússia que também fora retirada da Alemanha depois da Primeira Guerra. Em agosto de 1939, Hitler assinou um acordo de não agressão com Stálin, o Pacto Molotov-Ribbentrop, e no mês seguinte invadiu a Polônia — que seria dividida entre a Alemanha e a União Soviética. A Wehrmacht derrotou facilmente o Exército polonês, assim como derrotaria em seguida belgas, holandeses, dinamarqueses e franceses. Em poucos meses, Hitler tinha ocupado toda a Europa Ocidental.

Durante um tempo, apenas a Inglaterra lutou contra a Alemanha. Desde maio de 1940, às vésperas da queda da França, Winston Churchill substituíra Chamberlain como primeiro-ministro e liderava o que restara das democracias europeias em uma luta desigual contra o poderio bélico alemão. No ano seguinte, porém, o ditador nazista daria um passo decisivo em sua campanha contra o comunismo e os judeus, pregada em *Mein Kampf*, dezesseis anos antes: a invasão da União Soviética e a busca do Lebensraum, o "espaço vital", e a "Solução Final", um eufemismo para o extermínio da comunidade judaica. Depois de anos de sucessos diplomáticos e militares, Hitler acreditava ser invencível e decidiu que havia chegado a hora do ajuste de contas com os principais inimigos do povo alemão: os judeus e o comunismo, segundo a ideologia nazista. Falando ao Alto-Comando da Wehrmacht, afirmou que a campanha soviética seria a luta entre ideologias, uma "guerra de aniquilação" sem precedentes na história. Regras normais não poderiam ser aplicadas; o bolchevismo era descrito como "o inimigo mortal" dos nacional-socialistas alemães, que deveriam tomar "medidas cruéis e enérgicas contra os agitadores bolcheviques, os irregulares, os sabotadores e os judeus, e a erradicação total de qualquer resistência ativa ou passiva".[10] A Operação Barbarossa mobilizou mais de 3,8 milhões de soldados, mas, ao se aproximar de Moscou, atolou no inverno russo e estacou diante de uma obstinada resistência soviética. No final daquele ano, depois que os norte-americanos entraram em guerra contra seus aliados japoneses, Hitler ganhou outro poderoso inimigo. A declaração de guerra aos Estados Unidos selou o destino do conflito. Alheio aos avisos de seus generais, contrários à invasão da União Soviética e a uma guerra em duas frentes, o Führer enredara a Alemanha em uma luta que não podia ser vencida.

Nessa época, tendo pouco mais de cinquenta anos, a saúde de Hitler era frágil. Havia anos ele se tratava com as "pílulas de ouro" do doutor Theodor Morell, seu médico particular, recebendo quantidades diárias cada vez maiores. Ao todo, eram quase trinta medicamentos — incluindo o Pervitin, metanfetamina usada pelos soldados em combate, e o Eukodal, um derivado do ópio relacionado com heroína e esteroides. Morell também usava doses frequentes de injeções com complexos vitamínicos, mas tudo parecia fraco demais ante o desejo de Hitler de se tornar poderoso e eufórico diariamente. Como ele sofria de distúrbios do sono, Morell administrava doses igualmente potentes de sedativos hipnóticos e bromo.

Os reveses da guerra o debilitaram ainda mais — principalmente a derrota em Stalingrado, em fevereiro de 1943, e o atentado na Toca do Lobo, em julho do ano seguinte, quando oficiais da Wehrmacht tentaram assassiná-lo. Problemas na garganta, pressão alta, perda de audição

5. Mussolini e Hitler em Munique, em junho de 1940, durante a Segunda Guerra Mundial.

e de visão, dificuldade para caminhar e manter o equilíbrio e tremores no lado direito do corpo envelheceram Hitler rapidamente. Ele estava, àquela altura, muito longe de ser o "super-homem" que a propaganda nazista construíra no imaginário do povo alemão. Além dos problemas físicos, a iminência da derrota contribuiu para a deterioração psicológica do Führer, aumentando sua falta de realidade, a desconfiança para com o mundo e o desprezo pela humanidade.

O FIM

No final de abril de 1945, Berlim estava cercada pelos exércitos do marechal soviético Gueorgui Júkov e Hitler entrincheirado no Führerbunker. O complexo abrigo subterrâneo fora construído sob o jardim da Chancelaria. Era composto de doze cômodos no andar superior e outros vinte no nível inferior, onde se localizavam os quartos de alguns oficiais militares e líderes nazistas e de Eva Braun, além de escritórios e salas destinados ao uso privado de Hitler. Não obstante ser seguro e à prova de bombardeios, o Führerbunker era deprimente e lúgubre. Um dos biógrafos do líder nazista, Joachim Fest escreveu que "essa última paragem feita de concreto, de silêncio e de luz elétrica exprimia bem a natureza de Hitler, seu isolamento e o caráter artificial de sua existência". Com a Alemanha sendo destruída em sua volta e negando-se a qualquer possibilidade de um acordo de paz, Hitler decidiu se matar — o que, para o historiador Ian Kershaw, pareceu natural para alguém "desprovido de energia construtiva e criativa", dotado apenas de "uma ânsia cada vez mais selvagem de destruir".

Com medo de ser "exibido no Zoológico de Moscou" se capturado vivo, Hitler ordenou a seus assistentes que, após o suicídio, seu corpo deveria ser queimado para evitar a identificação. Com a Chancelaria sob intenso fogo da artilharia soviética e prestes a cair diante dos soldados de Júkov, Hitler finalmente oficializou seu relacionamento de uma década com Eva Braun — a cerimônia foi assistida por um número reduzido de leais seguidores, entre os quais Martin Bormann e Joseph Goebbels.

No dia 30 de abril, Hitler fez uma última refeição na presença de sua cozinheira e das secretárias e despediu-se rapidamente de seu *entourage*. Por volta das 15h30, os recém-casados entraram no quarto e cometeram suicídio. Hitler atirou na própria cabeça com uma pistola Walther, calibre 7.65 mm, e Eva ingeriu cianeto de potássio, um veneno poderoso armazenado em ampolas. Os corpos foram então levados para o jardim acima do abrigo antiaéreo, onde dez galões de gasolina transformaram os cadáveres em uma pira de fogo.

A secretária Traudl Junge, para quem Hitler ditara seu testamento pessoal e político horas antes, lamentou que, depois de tanto sofrimento, o chefe não dissera nenhuma palavra de tristeza, arrependimento ou de compaixão. "Ele não nos deixa com nada", refletiu ela. Mais tarde, a rádio alemã anunciou que o Führer tombara "à frente dos heroicos defensores da capital do Reich" na luta contra o bolchevismo. Em meio ao caos, a maioria dos alemães recebeu a notícia com indiferença.

Com Hitler morto, os demais integrantes do bunker começaram a fugir. Muitos de seus seguidores, porém, o seguiram no suicídio. Era o que a honra exigia — pelo menos na visão nazista, de acordo com o lema da SS gravado em todos os punhais da organização — ou por medo das consequências, principalmente se apanhados pelos soviéticos. O general Hans Krebs, chefe do Estado-Maior do Alto-Comando do Exército, cometeu suicídio. O ministro da Propaganda e a esposa envenenaram os seis filhos e também se mataram. Pelo menos 100 mil pessoas cometeram suicídio em toda a Alemanha naqueles dias, mais de 3.800 somente durante a Batalha de Berlim — destes, mais de quarenta Gauleiter, treze generais da Waffen-SS, cinco generais de polícia, diversos líderes da Gestapo, do SD e da SS. Na Wehrmacht, 35 generais do Exército, seis marechais da Luftwaffe e oito almirantes da Kriegsmarine deram fim à própria vida.

Em 2 de maio de 1945, o general Helmuth Weidling rendeu-se e entregou Berlim ao marechal Júkov. Naquele mesmo dia, os corpos carbonizados do casal Goebbels foram encontrados próximo à entrada do bunker. O corpo de Hitler não foi encontrado e Stálin ordenou que um destacamento da SMERSH, o departamento de contraespionagem da União Soviética, investigasse o caso. As buscas continuaram nos dias seguintes e não menos que quinze corpos foram encontrados. Em 5 de maio, perto da saída do Führerbunker, enquanto revirava uma cratera de bomba, um soldado encontrou os cadáveres de Hitler e Eva Braun, além dos restos mortais de Blondi e Wolf, os cães do casal.

Os corpos foram autopsiados por uma equipe de legistas liderada pelo tenente-coronel e doutor Faust Shkaravski, mas, pelo estado em que se encontravam, o relatório não foi conclusivo. Procurando evidências que confirmassem as suspeitas de que se tratava, de fato, dos corpos do ditador e sua esposa, os soviéticos chegaram até a assistente de Hugo Blaschke, o dentista de Hitler. Por meio dela, foram encontradas as radiografias da arcada dentária e também as coroas de ouro preparadas para o Führer. Pouco depois, o protético Fritz Echtmann foi capturado, confirmando aos investigadores que os dentes eram mesmo de Hitler, sem a menor dúvida.[11]

Nesse meio-tempo, o general Alfred Jodl e o marechal Wilhelm Keitel assinaram a rendição incondicional da Alemanha, em 7 e 8 de maio, em Reims, na França, e em Berlim, sucessivamente. O Terceiro Reich e o império de terror de Hitler estavam liquidados.

Stálin, no entanto, deu início à Operação Mito, uma campanha de desinformação que visava manter vivo o perigo da ameaça nazista — ao longo das décadas seguintes, teorias conspiratórias encontraram o Führer na Ásia, na África e na América do Sul. No mais absoluto segredo, porém, os maxilares e os restos do crânio de Hitler foram levados para Moscou. O restante do corpo foi enterrado em Finow, depois exumado e sepultado em um campo do Exército próximo de Magdeburg, na então Alemanha Oriental — os corpos de Eva e de outros tiveram o mesmo destino.

Em 1956, a Alemanha Ocidental finalmente emitiu uma certidão oficial de óbito, concluindo que não havia mais dúvidas sobre a morte do líder nazista. Em 1970, o Partido Comunista da União Soviética decidiu dar um fim a tudo: o que sobrara de Hitler e de outros corpos foi desenterrado e incinerado. As cinzas foram jogadas no rio Bideriz — ou, segundo alguns, na rede de esgotos que dava no afluente do Elba.

2

A CAMARILHA DE HITLER

O grupo de bajuladores de Hitler era bastante diverso. A maioria o acompanhava desde os chamados "anos de luta", no começo dos anos 1920. Somente alguns poucos, como Albert Speer, passaram a integrar a camarilha a partir da tomada do poder, em 1933. Muitos eram veteranos da Primeira Guerra Mundial e haviam se juntado aos Freikorps depois do conflito, caso de Martin Bormann. Alguns, como Rudolf Hess e Hermann Göring, eram veteranos de guerra e estiveram ao lado de Hitler no fracassado Putsch da Cervejaria, em 1923. Hess inclusive esteve preso com o ditador.

Ao longo dos anos, eles foram formando grupos de interesses distintos, criando cada um o próprio *entourage*. Eram todos conhecidos como os "faisões dourados". Alfred Rosenberg era o ideólogo; Hess, Joachim von Ribbentrop e Hans Frank atuavam na esfera política e jurídica; enquanto Heinrich Himmler e Joseph Goebbels, assim como Speer e Bormann, se ocupavam das organizações dentro do Partido Nazista ou da SS. Wilhelm Keitel e Alfred Jodl, este já durante a guerra, eram o elo entre os militares e os nacional-socialistas. Apenas Hermann Göring circulou em todas as esferas do poder — e por isso mesmo era o número 2 do regime. Hitler fazia questão de manter uma rivalidade entre eles, meio pelo qual conseguiu manter todos sob controle, utilizando-se dos pontos fortes e fraquezas de cada um até a queda do Terceiro Reich.

Após o fim da Segunda Guerra Mundial, juízes Aliados se reuniram em Nuremberg, onde outrora eram realizados os congressos do Partido Nazista, a fim de julgar os principais líderes nazistas presos com a derrota alemã. As sentenças seriam dadas tendo como base quatro acusações: crimes contra a paz; planejar uma guerra de agressão; crimes de guerra; e crimes contra a humanidade. Da camarilha de Hitler, apenas três escaparam ao julgamento: Goebbels e Bormann cometeram suicídio antes de ser presos, e Himmler se matou pouco depois de sua captura.

Diante do Tribunal Militar Internacional, dez dirigentes nazistas foram sentenciados à morte por enforcamento e executados em 16 de outubro de 1946 pelo carrasco John Wood. Alguns dos nomes de menor expressão e influência junto a Hitler escaparam da morte com sentenças brandas. Speer

6. Hitler com sua equipe no quartel-general da Frente Ocidental, em junho de 1940. Entre outros, é possível identificar Brückner, Schaub, Keitel, Jodl, Bormann, Morell e Hoffmann.

conseguiu ludibriar o tribunal e escapou da pena capital. A maioria dos oficiais da Wehrmacht também escapou da forca. Muitos outros julgamentos, de médicos, cientistas, líderes da SS e industriais acusados de colaborar com a máquina de guerra de Hitler, foram realizados até o final de 1949. Quando acabaram, os Aliados haviam julgado mais de 5 mil pessoas — 4 mil sentenciadas, 806 condenadas à morte e 486 executadas. Cerca de 200 mil alemães foram presos por ter um passado nazista. Dois anos após o fim da guerra, 40 mil ainda estavam encarcerados. Dos libertados, a maioria foi integrada à sociedade, e não poucos participaram dos governos da Alemanha Ocidental e da Áustria.

RUDOLF HESS (1894-1987)
O vice-Führer

Um dos mais importantes líderes nazistas e braço direito de Hitler, Rudolf Hess é também uma das personalidades mais controversas da história do Terceiro Reich. Filho de um próspero empresário alemão, Hess nasceu no Egito e estudou na Alemanha e na Suíça. Havia lutado como soldado de infantaria e tenente-aviador durante a Primeira Guerra Mundial e no Freikorps liderado pelo coronel Franz Ritter von Epp, o mesmo de Ernst Röhm e os irmãos Gregor e Otto Strasser. Era estudante da Universidade de Munique quando entrou para a Sociedade Thule, um grupo de estudos germânicos financiado por jovens abastados envolvidos com maçonaria e ideias místicas, nacionalistas e antissemitas.

Muito influenciado por seu professor de geopolítica, Karl Haushofer, Hess foi o responsável por apresentar Hitler ao mestre e um dos teóricos do Lebensraum (o "espaço vital"), a mola propulsora da política expansionista nazista. De humor instável, introvertido e idealista, Hess era uma figura estranha até mesmo para os padrões nazistas — o próprio se definia como uma "estranha mistura". Tal como Hitler, era vegetariano, não fumava nem bebia. Quando conheceu o futuro Führer, em 1920, ficou impressionado com as qualidades de orador do ex-pretendente a artista. Viu nele um indivíduo de "decência incomum, sincero, cheio de bondade, religioso e bom católico". Acreditava piamente ter encontrado "o Homem", capaz de reerguer uma Alemanha humilhada pela derrota e "apunhalada pelas costas".[1]

Hess entrou para o Partido Nazista e se transformou em um dos mais leais seguidores de Hitler. Ingressou na SA em 1922 e no ano seguinte estava ao lado de Hitler no Putsch da Cervejaria. Ambos foram presos em Landsberg, e Hess ajudou Hitler a escrever *Mein Kampf*, livro publicado em dois volumes nos anos seguintes. Secretário particular desde 1925, Hess foi nomeado chefe do Estado-Maior e presidente da Comissão Central de Política do Partido Nazista em 1932. Dizia ser o cavaleiro Hagen da lenda dos Nibelungos — disposto a tudo por seu senhor. "Não tenho consciência, minha consciência é Adolf Hitler", afirmou.[2] Enquanto isso, Hess casara com Ilse Pröhl e, sem conseguir gerar herdeiros, aumentara o envolvimento com astrologia, tarô, magnetismo e ciências ocultas. Em 1937, enfim, o casal teve seu único filho, a quem dera o nome Wolf, um dos heróis dos Nibelungos e codinome de Hitler — que, com Haushofer, batizou o menino em uma cerimônia pagã.

No ano da escalada do nacional-socialismo ao poder, Hess foi indicado como um dos dezesseis Reichsleiter do novo Estado e SS-Obergruppenführer, equivalente ao posto de general de infantaria, mas por pouco tempo: em setembro de 1933, Hitler nomeou Hess "vice-Führer", que passou a ser um dos responsáveis pela elaboração das Leis de Nuremberg, uma série de medidas restritivas à população judaica na Alemanha. Embora tivesse conseguido dar segurança à esposa de Haushofer, que era judia, seu antissemitismo foi assumindo formas cada vez mais extremas à medida que a Segunda Guerra se desenrolava e ele perdia espaço para Martin Bormann dentro do partido.

Em 10 de maio de 1941, como a Inglaterra ainda resistia aos bombardeios alemães e Hitler mantinha planos de uma invasão à União Soviética, Hess voou até a Escócia a bordo de seu Messerschmitt Me-110 em um dos episódios mais controversos da história moderna. Oficialmente, Hitler declarou que Hess sofria de "perturbação mental" tão logo os ingleses noticiaram que seu vice caíra próximo de Glasgow. Hermann Göring afirmou que ele estava louco fazia muito tempo. Está fora de questão que Hess fosse um integrante do alto escalão nazista com uma proposta de paz; negociações políticas nesse sentido já vinham acontecendo desde um ano antes, sem o sucesso esperado pelos nazistas. O que nunca foi esclarecido é se a ação fora um ato isolado de Hess para agradar a Hitler ou se organizada em comum acordo entre os dois. Até que ponto o Serviço Secreto Britânico (SIS, na sigla em inglês) estava envolvido é outro ponto delicado. É muito provável que o vice-Führer tenha sido ludibriado pelo SIS, que fez Hess acreditar que o governo de Winston Churchill tinha uma forte oposição e que esse grupo estaria disposto a negociar a paz, permitindo que Hitler pudesse atacar Stálin livre de uma guerra em duas frentes.

De qualquer forma, Hess foi feito prisioneiro, mantido encarcerado e longe das notícias da guerra até seu julgamento, em Nuremberg, após o fim do conflito. Diante do tribunal, mesmo depois de ser posto a par das atrocidades cometidas nos campos de concentração, ele se manteve convicto do ideal nacional-socialista e fiel à figura de Hitler. "Não me arrependo de nada; se tivesse de recomeçar tudo de novo, trabalharia da mesma forma, mesmo sabendo que no final morreria numa fogueira", declarou.[3]

Condenado à prisão perpétua por crimes contra a paz e por planejar uma guerra de agressão, Hess foi mantido no cativeiro e isolado do mundo. Só voltou a ver a esposa e o filho em 1969. Três anos antes, quando Albert Speer e Baldur von Schirach foram soltos, Hess era o único prisioneiro em Spandau. Depois de 46 anos encarcerado, ele cometeu suicídio (também motivo de especulações) quando já se esperava que fosse libertado. Tinha

93 anos. A esposa passou por um processo de desnazificação entre 1947 e 1948. Anos depois, abriu uma pensão em Gailenberg e até a morte, em 1995, manteve contato com grupos neonazistas. O filho morreu em 2001, depois de passar a vida tentando provar a inocência do pai. Os dois escreveram livros em defesa do vice-Führer.

7. Três dos mais leais seguidores de Hitler: Göring, Dönitz e Hess durante o julgamento de Nuremberg, em 1946.

HERMANN GÖRING (1893-1946)
O marechal do Reich

Hermann Göring foi com certeza a figura mais proeminente do Terceiro Reich depois de Hitler. Nenhum outro membro da camarilha do Führer alcançou a importância e a popularidade do Reichsmarschall, o "marechal do Reich". Entre 1932 e 1945, Göring ocupou quase vinte cargos diferentes na administração nazista: foi presidente do Reichstag, ministro-presidente da Prússia, ministro da Economia do Reich e chefe do Plano Quadrienal, presidente do Conselho de Defesa do Reich e comandante em chefe da Luftwaffe.

Filho de um diplomata que fora o primeiro governador do Sudoeste Africano Alemão, atual Namíbia, Göring nasceu na Baviera, na fronteira com a Áustria. Desde cedo foi um excelente aluno na escola de cadetes. Quando a Primeira Guerra teve início, ele já era tenente e não precisou de muito tempo para ser condecorado por bravura. Em 1915, entrou para a Força Aérea, onde receberia *Pour le Mérite*, a mais alta distinção militar alemã, instituída por Frederico, o Grande, havia quase duzentos anos. Perto do final do conflito, Göring se tornou comandante do famoso Circo Voador, o esquadrão do lendário Manfred von Richthofen. Depois de encerrada a guerra, se desligou da vida militar, casou-se com Carin Fock, baronesa divorciada von Kantzow, e estudava história e economia em Munique quando conheceu Hitler, em 1922.

Um impressionado Göring se referiu ao futuro Führer como "amado líder do movimento da liberdade alemã".[4] Nomeado líder da SA, participou do Putsch da Cervejaria, sendo ferido na perna. Conseguiu fugir para a Áustria, depois para a Itália e, finalmente, para a Suécia, época em que se tornou viciado em morfina. Retornou à Alemanha anos depois e se reintegrou ao círculo nazista. Foi um ganho importante para Hitler. Göring era um herói de guerra, fazia o papel de galã e tinha boas relações com a aristocracia, o que garantiu o apoio de muitos empresários e industriais ao movimento nacional-socialista.

Em 1932, o Partido Nazista alcançou a maioria no Reichstag, e Göring tornou-se presidente do Parlamento. Foi o primeiro passo para a indicação de Hitler à Chancelaria no ano seguinte. Com a tomada do poder, ele auxiliou o Führer na escalada que levaria a Alemanha e a Europa à catástrofe da Segunda Guerra. Em 1934, após o incêndio do Reichstag, Hitler recebeu poderes ditatoriais e o designou seu sucessor. No mesmo ano,

Göring nomeou Heinrich Himmler chefe da Gestapo. No ano seguinte, aprovou as Leis de Nuremberg e reorganizou a Força Aérea, proibida de atuar desde o fim da Primeira Guerra, agora denominada de Luftwaffe.

Ainda em 1935, Göring se casou com a atriz Emmy Sonnemann. Sua primeira esposa, Carin Fock, havia morrido de tuberculose quatro anos antes. Em homenagem a ela, a grande e pomposa propriedade em Schorfheide, a sessenta quilômetros de Berlim, seria chamada de "Carinhall", o local onde Göring daria vazão ao seu gosto por luxo e extravagância, mantendo ali seus tesouros artísticos, quadros, tapeçarias, estátuas e joias, uma das maiores coleções privadas de obras de arte da Europa. Avaliada em mais de 200 milhões de marcos, a coleção era fruto da expropriação de famílias judaicas e da pilhagem nazista em vários países conquistados — somente o barão Rothschild foi despojado de mais de 3.400 objetos, dos quais boa parte foi parar no acervo de Göring. Cercada por um parque de milhares de hectares de florestas, com cervos, alces, bisões e búfalos, a propriedade fazia Obersalzberg parecer uma "casinha de jardim", como afirmou o próprio Hitler. Por Carinhall passeavam filhotes de leões, e os visitantes podiam se divertir com uma ferrovia de brinquedo de mais de seiscentos metros.

Cada vez mais poderoso, Göring foi nomeado "comissário" do Plano Quadrienal e ministro da Economia. Mais tarde, Hjalmar Schacht, o presidente do Reichsbank, afirmou em suas memórias que Göring era um "homem de coragem, de cultura mediana e de inteligência acima do normal", mas inebriado com o poder e a riqueza. "Sua cobiça cresceu de forma surpreendentemente rápida e intensa", lembraria Schacht. Seu egocentrismo também não tinha limites. Por favorecimentos, recebia dinheiro em quantidades generosas tanto do Reichsbank quanto de grandes empresas e industriais, como Fritz Thyssen — quando se voltou contra o nazismo, o industrial foi preso e suas empresas foram absorvidas pelo poderoso Göring.

Além de inescrupuloso, tinha amor ao luxo e à ostentação. O ministro era extremamente vaidoso, usava maquiagem, pintava as unhas e cobria os dedos com anéis de rubis e diamantes. Com predileção por uniformes magníficos e fantásticos, Göring tinha um uniforme para cada um de seus cargos oficiais, todos desenhados por ele mesmo. Na intimidade, era constantemente visto com roupões de veludo ou uma toga romana. Um ministro italiano relatou ter visto o marechal do Reich vestido com um casaco de pele parecido com o que "uma prostituta da alta classe usaria na ópera".[5] Ele também tinha propensão à gula, podendo consumir, segundo Hans Baur, piloto de Hitler, uma quantidade "colossal" de comida. Durante a Segunda Guerra Mundial estava pesando mais de 145 quilos, distribuídos em parcos 1,70 metro. Os Aliados o apelidaram de "o Gordo".

Embora seu antissemitismo não fosse comparável ao de Hess, Julius Streicher ou Alfred Rosenberg (Göring teve como padrinho Hermann von Epenstein, que era judeu e lhe deixou propriedades na Áustria), a partir de 1937 Göring passou a ser um importante agente na "Questão Judaica" e, por consequência, no Holocausto. Era pangermanista e acreditava que a Alemanha deveria criar seu império ao modo britânico, mesmo que ao custo de milhões de vidas. Deu início à "desjudaização" da economia alemã, e às vésperas da Segunda Guerra Mundial criou o Escritório Central para Emigração Judaica, chefiado pelo Gabinete Central de Segurança do Reich (RSHA, na sigla em alemão), cujo foco era a total expulsão dos "elementos indesejáveis" da Alemanha. Em 31 de julho de 1941, logo após a invasão da União Soviética, Göring deixou claro para Reinhard Heydrich que a Wehrmacht teria poderes limitados no Leste, tendo a SS autoridade independente para tratar dos judeus e comunistas. Heydrich recebeu ordens para encontrar meios e preparar uma "Solução Final para a Questão Judaica". A missiva de Göring ordenava, ainda, que o líder do RSHA entregasse, o mais rápido possível, um plano geral com as medidas necessárias.

Em janeiro de 1942, a Solução Final seria delineada na Conferência de Wannsee. Göring foi extremamente popular e poderoso até aquele ano, quando a maré da guerra mudou. O fracasso em fazer a Luftwaffe derrotar a Inglaterra durante a Blitz e o não cumprimento da promessa de abastecer o Exército sitiado em Stalingrado e impedir que os bombardeios

8. Carta de Göring endereçada a Heydrich, chefe do RSHA, datada de 31 de julho de 1941. O número 2 do Terceiro Reich ordenava a organização de uma "Solução Final para a Questão Judaica".

Aliados destruíssem cidades alemãs acabaram com a confiança de Hitler no número 2 do Terceiro Reich. Em 1945, com a aproximação do Exército Vermelho, ele deixou Berlim. Acusado de traição por tentar assumir o controle do Reich, Hitler o expulsou do Partido Nazista e o retirou da linha sucessória. Capturado pelos norte-americanos na Áustria, foi levado a julgamento em Nuremberg e condenado à morte por enforcamento por crimes contra a paz, planejar uma guerra de agressão, crimes de guerra e contra a humanidade. Horas antes de ser executado, porém, Göring cometeu suicídio ingerindo uma cápsula de cianeto de potássio. Sua esposa passou por um processo de desnazificação entre 1947 e 1948, mas tanto ela quanto a filha Edda mantiveram o culto ao Reichsmarschall até o fim de suas vidas. Emmy morreu em 1973 e Edda em 2018.

JOSEPH GOEBBELS (1897-1945)
O mago da propaganda

Joseph Goebbels foi uma figura singular dentro dos chamados "faisões dourados" do Partido Nazista — era um dos mais odiados, tanto por seus pares como pela população alemã em geral. Mesmo sem o brilho esperado, tinha uma carreira acadêmica antes de se juntar a Hitler, o que o diferenciava dos outros líderes da camarilha. Não obstante a origem humilde (seu pai era um modesto empregado em uma fábrica de velas), Goebbels estudou história e literatura e obteve o doutorado em filosofia em 1921, antes dos 25 anos. Desde o início viu em Hitler um "gênio político", alguém que deveria ser seguido e amado, "um apóstolo com uma missão". Após ler *Mein Kampf*, ele escreveu: "Como eu o adoro!"[6] A partir de então, dedicou a vida ao Führer, produzindo como nenhum outro líder nazista, à exceção de Rosenberg, uma fonte inesgotável de informações sobre Hitler e o Terceiro Reich. Somente seus diários, que cobrem um período entre 1923 e 1945, foram publicados em 32 volumes. Ademais,

Goebbels escreveu mais de uma dezena de livros e uma infinidade de artigos para os periódicos nacional-socialistas, além de vasto material fotográfico e transmissões radiofônicas e cinematográficas.

Excelente orador e hábil na articulação da propaganda política, que ele chamava de "guerra intelectual", Goebbels passou a controlar dois terços de todos os jornais alemães quando os nazistas tomaram o poder. Qualquer oposição foi rapidamente removida. Quem tinha vínculos com os comunistas foi demitido e a censura sufocou quaisquer discursos independentes. A Universum Film Aktien Gesellschaft (UFA), a grande produtora cinematográfica da Alemanha, passou a fazer filmes que exaltavam o ideal nacional-socialista de raça superior e propagavam o antissemitismo. Para alcançar toda a população alemã, milhares de rádios baratos (cujo nome oficial era "Receptor do Povo", logo apelidado de "focinho de Goebbels") foram produzidos para que todos pudessem ouvir os discursos de Hitler e de seus asseclas. O alcance dos aparelhos era fraco demais para que os alemães pudessem sintonizar emissoras estrangeiras, o que garantia exclusividade às transmissões oficiais do governo.

Goebbels foi o principal orquestrador da Noite dos Cristais, em 1938, que destruiu sinagogas, empresas e propriedades privadas de judeus e chocou até mesmo o alto escalão do Partido Nazista, que se preocupava com a repercussão negativa dos atos de vandalismo na economia e com a perda de controle do governo sobre a população. Curiosamente, o antissemitismo virulento de Goebbels foi desencadeado apenas após a entrada para o círculo nazista. Enquanto esteve na Universidade de Heidelberg, procurou e obteve a orientação de professores judeus, como Friedrich Gundolf, que admirava, e Max Walberg, que, por fim, o orientou no doutorado. Goebbels também teve um caso com uma professora judia por quase cinco anos, mantendo o relacionamento até 1927.

Ainda que próximo do Führer, Goebbels, no entanto, não tinha conhecimento prévio dos planos militares de Hitler, pois era informado quando tudo já estava preparado e em andamento. Sua habilidade, porém, ajudou a esconder do povo alemão as derrotas do Exército. Quando a maré da guerra virou contra a Alemanha, ele foi chamado a fim de preparar a população para um sacrifício em nome do Führer. Assim, em fevereiro de 1943, ele pregou a "guerra total", estratégia que seria adotada no ano seguinte, mobilizando todos os setores da sociedade alemã em um esforço para vencer a guerra — além da mobilização na indústria, a população mais jovem e também os idosos foram convocados a lutar.

Sofrendo de complexo de inferioridade, Goebbels estava longe de ser o alemão ideal que o Ministério da Propaganda, que ele assumiu em 1933, pregava no cinema: não era louro nem alto e tinha a perna direita coxa — menor do que a esquerda, motivo pelo qual precisava usar um aparelho ortopédico —, além de pés tortos. Talvez por isso fosse inseguro ao extremo e obcecado por reconhecimento — especialmente de Hitler. Dado a fantasias megalomaníacas, seu objetivo de vida era unir o povo alemão ao seu amado Führer. Orgulhoso e arrogante, um estenógrafo do ministério o descreveu como um homem que "nunca perde o controle", extremamente frio e calculista. Seus fracassos, no entanto, eram seguidos de crises de choro e depressão. Mesquinho, rancoroso e vingativo, o "anão peçonhento", como era conhecido, confidenciou ao diário: "Tenho poucos amigos no partido: Hitler é quase o único. Ele concorda comigo em tudo."

Dois aspectos da vida de Goebbels contribuíam para sua impopularidade: os gastos desenfreados e um apetite sexual nunca saciado. Tal como Göring, ele usava seu poder e sua influência para conseguir o que desejava, de carros esportivos e iates a casarões de luxo. Sua residência principal em Berlim, um "palácio de conto de fadas", abrangia cinco mansões separadas, sendo que a principal tinha 21 quartos. As estrelas do cinema nazista eram conhecidas como os "brinquedinhos do dr. Goebbels". Elas eram selecionadas pelo talento; contudo, para trabalhar em Babelsberg — próximo a Potsdam, a sudoeste de Berlim, onde ficavam os estúdios da UFA —, era preciso ceder aos caprichos sexuais do ministro, ou, como também era conhecido, do "bode de Babelsberg". Apesar disso, algumas atrizes se decepcionaram com o desempenho do nazista: a atriz Irene von Meyendorff afirmou certa vez que o mago da propaganda era dono de uma "minhoquinha".[7]

Uma de suas amantes mais famosas foi a atriz tcheca Lída Baarová. O romance acabou por intervenção direta de Hitler, que estava preocupado com a repercussão negativa que a separação de Goebbels pudesse ter na opinião pública. A família de Goebbels era a imagem da família alemã, conforme a visão nazista de mundo. Sua esposa, Johanna Maria Magdalena Quandt, mais conhecida como "Magda", com quem o ministro se casou em 1931, era considerada a esposa-modelo nazista, a primeira-dama do regime. E não apenas pelas características físicas e pelo grande número de filhos, que atendiam aos requisitos do ideal nacional-socialista de mulher e mãe reprodutora. Magda dera a todos os filhos nomes iniciando com a letra H, de Hitler, devotando uma lealdade ao Führer pouco comum até mesmo para os padrões do regime. Muito próximos, antes da Segunda Guerra ocasionalmente Hitler a visitava na residência dos Goebbels ou ela fazia o papel de acompanhante do Führer em eventos.

Ironicamente, Magda guardava um dos maiores segredos do Terceiro Reich. Seu pai biológico era de fato Richard Friedländer, um comerciante judeu com quem a mãe mantivera um antigo romance e com quem se casara após o divórcio do primeiro marido, Oskar Ritschel. Ela chamava Friedländer de padrasto e, na época das núpcias com Goebbels, a imprensa ridicularizou o fato de que a noiva do nazista era "judia nata", devido ao segundo casamento da mãe. Posteriormente, Goebbels anotaria em seu diário que a mulher descobrira algo "horrível" sobre o passado — provavelmente a confirmação sobre as origens do pai. De qualquer forma, ela não salvou Friedländer da morte no campo de concentração de Buchenwald.

O ministro da Propaganda foi um dos poucos a permanecer com Hitler até o fim, e o único dos principais líderes nazistas a permanecer no bunker após o suicídio do Führer. Sua lealdade fora recompensada com uma indicação para a Chancelaria, embora isso não significasse mais nada. Poucos dias antes do fim do Terceiro Reich, Magda escrevera ao filho de seu primeiro casamento, Harald Quandt, que não valia a pena "viver no mundo que há de vir depois do Führer e do nacional-socialismo".[8] Após a morte do ditador, ela envenenou os seis filhos (com idades entre cinco e treze anos) e se matou com Goebbels. Os corpos do casal foram incinerados, mas não o suficiente: dias depois, os soviéticos os encontraram. O enteado de Goebbels, que servira na Luftwaffe, sobreviveu à guerra e herdou as indústrias do pai, Günther Quandt. Morreu em 1967.

MARTIN BORMANN (1900-45)
O secretário fiel

Martin Bormann era praticamente desconhecido fora do *entourage* de Hitler, mas muito temido dentro do círculo privado do ditador — seu apelido era "o Führer das sombras". Tendo entrado relativamente tarde para o Partido Nazista, alcançou um poder incomum nos três anos finais da Segunda Guerra Mundial, tornando-se imprescindível para seu chefe.

Natural da região do Harz, Bormann serviu como artilheiro nos meses finais da Primeira Guerra. Encerrado o conflito, passou a trabalhar em Mecklenburg, na propriedade de um senhor de terras em Herzenberg, como aprendiz agrícola e depois administrador. Logo, porém, ele deixou a fazenda e se juntou ao Freikorps liderado pelo tenente Gerhard Rossbach — do qual também fazia parte Rudolf Höss, futuro comandante de Auschwitz. Apesar de ter sido chefe de seção da tropa entre 1922 e 1923, Bormann foi preso por envolvimento no assassinato de um líder comunista. Tão logo foi solto, depois de um ano na cadeia, voltou à atividade paramilitar na Frontbann. Entrou para o Partido Nazista em 1927, liderou a regional da Turíngia e pouco depois o fundo de ajuda do partido, uma espécie de seguradora para membros da SA, da SS e do NSDAP.

Nessa época, Bormann casou-se com Gerda Buch, dez anos mais jovem do que ele e filha de Walter Buch, presidente da Suprema Corte do Partido Nazista e próximo de Hitler. O casal teria onze filhos até o final da Segunda Guerra. Bormann, porém, manteve inúmeros casos amorosos. Um dos mais conhecidos foi com a atriz Manja Behrens. Gerda nunca fez objeções aos casos extraconjugais do marido, pelo contrário: incentivava Bormann a manter relações com mulheres jovens e belas. Era adepta da ideia nazista de que as crianças alemãs racialmente puras deveriam ser entregues ao Führer, e cabia às mulheres gerar o maior número possível de filhos. Em 1944, quando soube do caso de Bormann com Behrens, felicitou o esposo e desejou que a amante lhe desse um filho. Gerda chegou a imaginar que após a guerra uma lei tornaria possível que um homem saudável e honrado tivesse mais de uma esposa, tal como ocorrera após a Guerra dos Trinta Anos, no século XVII.

Em 1933, Bormann se tornou líder do Estado-Maior de Hess, o que lhe proporcionou acesso direto a Hitler. Logo foi encarregado pelo Führer da administração de seus bens, incluindo Obersalzberg, que Bormann rapidamente transformou na capital privada do líder do Terceiro Reich. Em 1939, além de várias ampliações no Berghof, ele mandou construir para o Führer um chalé situado no cume rochoso de Kehlstein, a quase 2 mil metros de altura — o "Ninho da Águia" (Kehlsteinhaus).

Fisicamente, Bormann estava longe do modelo ariano ideal imaginado pelos nazistas. Era baixo e atarracado, de pescoço curto e grosso. Ideologicamente, porém, era um nacional-socialista fanático, antissemita e anticatólico. Segundo o valete de Hitler, tinha uma força inescrupulosa e "uma personalidade rude e incrivelmente hiperativa". Para Linge, o apelido apropriado de Bormann era "Senhor Deus de Obersalzberg". Alfred Rosenberg, o "sociólogo" de Hitler e oponente de Bormann na disputa pelas atenções do chefe, o chamou de "Maquiavel da escrivaninha".[9] Além de calculista implacável e manipulador, Albert Speer o definiu como subserviente, ambicioso, tacanho e fingido. Calado e sempre sério, o "cardeal de cinza" e "Chanceler de Ferro" de Hitler tinha por hábito anotar todos os comentários e opiniões do ditador à mesa ou em reuniões com seu círculo privado, fossem sobre o cinema, política ou alguém em especial. Por meio de seus informantes, ele rapidamente obtinha uma resposta aos questionamentos e desejos do Führer e não raro recebia quase que instantaneamente um telefonema ou telegrama que pudesse colocar à disposição do ditador, que ele considerava "seu Deus".

Depois do voo de Hess, em 1941, Bormann foi nomeado chefe da Chancelaria do partido, com poderes de ministro. Dois anos depois, seria nomeado secretário particular de Hitler, aumentando significativamente seu poder no círculo mais próximo do ditador. Onipresente e influente, todos os poderosos do Terceiro Reich o odiavam e o temiam, até mesmo Heinrich Himmler, o líder da SS, bem como Göring. Eva Braun o detestava.

Mesmo nos dias finais da Alemanha nazista, em 1945, o fazedor de intrigas mantinha planos para o futuro. Conseguiu articular a queda do comandante da Luftwaffe, fazendo Hitler acreditar em traição e destituir Göring tanto da Força Aérea quanto da linha de sucessão. Após o suicídio do chefe, Bormann deixou o Führerbunker com um dos vários pequenos grupos de nazistas formados para escapar da arapuca em que Berlim se transformara. Junto dele estavam Artur Axmann e Ludwig Stumpfegger. O primeiro safou-se, mas Stumpfegger e Bormann não tiveram a mesma sorte. O líder da Juventude Hitlerista afirmou tempos depois que os dois companheiros de fuga haviam cometido suicídio ante a iminência de serem presos pelos soviéticos.

Como o corpo de Bormann não foi encontrado, surgiram diversas teorias sobre sua fuga para a América do Sul. Até mesmo Reinhard Gehlen, general do serviço secreto do Exército alemão que passara a trabalhar para a CIA depois da guerra, afirmou que o grande espião de Stálin na Alemanha nazista era ninguém menos que o próprio Bormann. Gehlen escreveu: "Não há o menor fundamento para alegações de que ele vive na Argentina ou no Paraguai cercado de guardas. Em maio de 1945, ele entrou na Rússia levado por forças da invasão." Ainda segundo Gehlen, "informações separadas vindas de trás da Cortina de Ferro" confirmavam a vida de Bormann em Moscou, na década de 1950, "escondido como assessor do governo".[10] De toda forma, Bormann foi julgado *in absentia*, em Nuremberg, e condenado à morte por enforcamento por crimes de guerra e contra a humanidade.

Sem provas de sua fuga ou de sua morte, foi declarado morto em 1954. Em dezembro de 1972, seu esqueleto foi encontrado durante uma escavação do metrô, próximo à estação Lehrter, a menos de dois quilômetros do Führerbunker. Em 1999, exames de DNA comprovaram que se tratava, de fato, do secretário de Hitler. A esposa de Bormann fugiu da Alemanha no final da guerra e morreu na Itália um ano depois. O filho mais velho do casal, Martin Adolf, chamado de Krönzi ("O Príncipe Herdeiro"), tornou-se padre católico e professor de teologia, tendo escrito nos anos 1990 um livro intitulado *Leben gegen Schatten* [Uma vida contra as sombras] sobre sua relação com o passado nazista da família. Ele morreu em 2013.

ALBERT SPEER (1905-81)
O arquiteto predileto

Dos figurões do nazismo, Albert Speer foi o que mais tardiamente entrou para o *entourage* de Hitler. Ainda assim, foi o único por quem o ditador nutriu algo próximo do que se pode chamar de amizade — embora depois da guerra Speer tenha afirmado que vivia uma relação de senhor e servo com o ditador: "Não era fácil lidar com ele e conservar seu afeto."[11] Filho e neto de arquitetos, Speer nasceu no seio de uma família liberal e abastada. Mostrou desde cedo aptidão para seguir a profissão de seus antepassados; aos doze anos, já fazia desenhos a nanquim. Seis anos depois, deu início aos estudos de arquitetura em Karlsruhe. Nesse meio-tempo, começou a namorar a futura esposa, Margret Weber, filha de um marceneiro. O casamento viria em 1928 e resultaria em seis filhos, nascidos entre 1934 e 1942. Speer também estudou em Munique e Berlim, onde passou a assessorar o professor Heinrich Tessenow, um urbanista que era referência na arquitetura durante a República de Weimar.

No final de 1930, o jovem arquiteto assistiu pela primeira vez a um comício de Hitler. Speer ficou fascinado com a persuasão do líder nazista, sua voz singular, o modo e a simplicidade sedutora com que Hitler falou sobre temas complexos. "Ele me pegou e me prendeu antes que eu tivesse compreendido", revelou mais tarde, e "mexeu com o mais profundo do meu ser."[12] No começo do ano seguinte, Speer entrou para o Partido Nazista e não demorou muito para que fosse contratado a fim de reformar o escritório regional da organização em Berlim, o que lhe abriu as portas para projetos futuros.

Em 1933, já com Hitler no poder, Speer foi chamado por Goebbels para a reforma do quartel-general do Partido Nazista na capital e para a organização da cenografia do comício do Primeiro de Maio, que aconteceria na esplanada do aeroporto de Tempelhof. Ele construiu uma tribuna gigantesca diante de três imensas bandeiras com a suástica, do tamanho de um prédio de seis andares. Todo o conjunto era iluminado por 130 projetores, de onde saíam grandes feixes luminosos que cortavam o céu noturno, criando uma "catedral de luz". O espetáculo foi um sucesso, credenciando Speer a ser chamado para criar a cenografia do congresso anual do partido, em Nuremberg. Hitler aprovou pessoalmente os planos do jovem arquiteto e o transformou em "comissário" para todas as manifestações do Partido Nazista. Dessa forma, aliado ao trabalho desenvolvido por Goebbels, Speer daria forma à propaganda nacional-socialista, transformando paradas, manifestações e comícios de Hitler em espetáculos monumentais.

Tendo captado bem a megalomania do Führer, rapidamente Speer ocuparia lugar cativo no Berghof. Em 1934, foi indicado para assessorar Paul Ludwig Troost nas obras da Chancelaria, concluída somente seis anos depois. Contudo, com a morte repentina do velho arquiteto, Speer foi nomeado arquiteto-chefe do partido. "Ele é um artista e tem espírito semelhante ao meu", afirmou Hitler, "e é uma pessoa construtora, como eu, inteligente, modesto, e não uma cabeça obstinada de militar."[13] Nas graças do Führer, ele seria chamado mais tarde de "arquiteto do diabo".

Em 1937, Speer foi nomeado inspetor-geral das obras de Berlim, que deveria ser transformada em Germânia, a "capital do mundo". Toda reformulada, no centro da nova cidade estaria o "Salão do Povo", com capacidade para 180 mil pessoas. Germânia nunca foi construída; com o começo da Segunda Guerra Mundial, as exigências eram outras.

Com a morte de Fritz Todt, em 1942 Speer assumiu o Ministério de Armamentos e a Organização Todt. Com base na exploração de mais de 5 milhões de trabalhadores escravizados, o arquiteto de Hitler conseguiu o milagre de manter a indústria e a máquina de guerra nazista de pé, mesmo com a Alemanha cercada pelos Aliados e constantemente bombardeada. O aumento da produção de material bélico e de novas armas tecnológicas fez parte do projeto de "guerra total", política que não impediu a derrota nazista.

Speer fez sua última visita a Hitler no Führerbunker em 1945, quando informou ao ditador que não cumprira suas ordens de terra arrasada — o chamado "Decreto Nero", a destruição de tudo o que pudesse ser utilizado pelo inimigo em território alemão. Deu início, assim, ao mito do "bom nazista".

Preso pelos britânicos, foi um dos três líderes nazistas a denunciar Hitler durante o julgamento (os outros dois foram o governador-geral da Polônia, Hans Frank, e o líder da Juventude Hitlerista, Baldur von Schirach). Sua defesa foi baseada na culpa coletiva. Condenou a ideologia nazista e seu regime, mas negou que tivesse conhecimento do Holocausto, o que na época convenceu os juízes. Sentenciado a vinte anos de prisão por crimes de guerra e contra a humanidade, cumpriu a pena em Spandau, sendo posto em liberdade em 1966. Publicou suas memórias sobre o Terceiro Reich, um livro sobre o trabalho escravo durante a guerra e seu diário, escrito durante o cárcere, que o tornou uma celebridade mundial.

9. Eva Braun e Albert Speer, o arquiteto predileto de Hitler.

Speer, considerado um homem elegante e cavalheiro, sempre alegou ter sido dominado pelo "poder hipnótico de Hitler" e que não era capaz de se livrar dele. Afirmou, inclusive, que chegou a planejar os assassinatos de Hitler,

Goebbels e Bormann introduzindo gás venenoso no Führerbunker. Anos depois, porém, documentos comprovaram que Speer esteve diretamente envolvido na Solução Final e também no roubo de obras de arte, que seriam comercializadas depois da guerra. Ele morreu em 1981, em um quarto de hotel em Londres, onde estava hospedado com a amante, pouco antes de uma entrevista para a BBC. Sua esposa morreu em 1987. O filho Albert Speer Jr. também se dedicou à arquitetura e faleceu em 2017. Todos os filhos tiveram problemas de relacionamento com o pai; alguns nunca quiseram falar a respeito do arquiteto predileto de Hitler.

WILHELM KEITEL (1882-1946)
O lacaio

Pelo menos no papel, o marechal de campo Wilhelm Keitel, como chefe do Alto-Comando das Forças Armadas alemãs, foi o mais importante militar do Terceiro Reich. Na prática, sua obediência e lealdade incondicionais a Hitler fizeram dele um dos oficiais mais insultados durante a Segunda Guerra Mundial. Filho de um fazendeiro com terras na minúscula Helmscherode e sem tradição militar na família, Keitel tinha origens bastante modestas se comparadas às da casta de oficiais prussianos, dominante no Exército alemão do começo do século XX. O futuro cúmplice das barbáries nazistas entrou para o Exército aos dezoito anos. Nunca foi brilhante, mas era tido como batalhador, organizado e com boas noções táticas. Pouco tempo depois, casou-se com Lisa Fontaine, com quem teve seis filhos — dois deles morreram durante a Segunda Guerra.

Esteve na linha de frente, em Flandres, durante os meses iniciais da Primeira Guerra, sua única experiência de combate próximo ao inimigo até 1945. Foi ferido e condecorado. No posto de capitão, foi chamado para trabalhar no Estado-Maior Geral do Exército, dando início a uma carreira de gabinete. Durante os anos 1920, atuou no Truppenamt, um "escritório" criado para disfarçar o Estado-Maior Geral alemão, proibido pelo Tratado de Versalhes. Esteve na União Soviética, acompanhado do futuro comandante do Exército Walther von Brauchitsch, em uma visita secreta para troca de conhecimento. Em 1933, alcançou o posto de major-general, atuando entre 1935 e 1938 como chefe do Gabinete das Forças Armadas do Ministério da Guerra. Depois da crise Blomberg-Fritsch, quando Hitler transformou o ministério em Alto-Comando das Forças Armadas, o OKW, Keitel ganhou a chefia. No papel, o OKW deveria comandar e coordenar as ações do Exército, da Luftwaffe e da Kriegsmarine conjuntamente; na prática, isso nunca ocorreu. Era o Alto-Comando do Exército, o OKH, que planejava e executava as operações de guerra. Tudo, claro, submetido aos caprichos de Hitler. A escolha de Keitel tinha motivos claros: o Führer não queria um oficial que o contestasse ao mesmo tempo que fosse capaz de aproximar o Partido Nazista dos militares, em sua maioria descontentes com as práticas nacional-socialistas. Keitel era a pessoa ideal.

Nos sete anos seguintes, devotaria obediência e lealdade incondicional a Hitler, definindo o ex-cabo como "o maior comandante militar de todos os tempos", sendo o primeiro a usar a expressão "comandante supremo". Maleável como uma massa de modelar nas mãos do ditador, o general Ludwig Beck apelidou Keitel de "leão de borracha", e Speer o chamava de "general sim, senhor", por nunca dizer não a Hitler.

Sua secretária, Hilde Haenichen, observou que o chefe não tinha interesse algum por filosofia, arquitetura, música ou religião. Salvo o gosto pela caça e por cavalos, era "apenas um soldado", revelou. Não por menos, Hitler disse a seu ministro da Propaganda que o chefe do OKW tinha "o cérebro de um porteiro de cinema". Dentro do próprio círculo militar que comandava, era desdenhosamente chamado de "adorador de Hitler" ou de "servente de garagem do Reich". Às suas costas, seu apelido era "Lakaitel", um trocadilho entre a palavra alemã para lacaio e o sobrenome de Wilhelm.[14]

Na Wehrmacht, Keitel fez coro ao discurso nazista. Em 1941, quando a Alemanha se preparava para invadir a União Soviética, declarou que "a luta contra o bolchevismo exige ação implacável, enérgica e rigorosa, sobretudo contra os judeus, os principais veículos do bolchevismo". A guerra no Leste seria uma "guerra de aniquilação" sem precedentes em que as regras normais não poderiam ser aplicadas. Nas "Diretrizes para a conduta das tropas na Rússia", Hitler descreveu o bolchevismo como "o inimigo mortal do povo nacional-socialista alemão" e afirmou que a luta contra ele exigia "medidas cruéis e enérgicas contra os agitadores bolcheviques, os irregulares, os sabotadores e os judeus e a erradicação total de qualquer resistência ativa ou passiva". Keitel o endossou sem hesitar e não há evidências de que tenha sentido remorso. O general Heinz Guderian escreveu que seu infortúnio foi "não ter conseguido a força para resistir às ordens de Hitler, injustificáveis tanto do ponto de vista legal quanto moral".[15]

Quando Hitler cometeu suicídio e a capital do Terceiro Reich caiu diante dos soviéticos, Keitel foi chamado ao quartel-general do grande almirante Karl Dönitz, presidente da Alemanha segundo o testamento do Führer. Sua última missão como comandante do OKW foi assinar a rendição alemã em Karlshorst, no subúrbio de uma Berlim destruída, na madrugada do dia 9 de maio. Após a assinatura do documento, Keitel perguntou a seu ajudante o que aconteceria em seguida. A resposta foi rápida e direta: "Eles nos farão prisioneiros e nos matarão."

Julgado em Nuremberg, o marechal de campo foi condenado à morte por enforcamento por crimes contra a paz, planejar uma guerra de agressão, crimes de guerra e contra a humanidade. Keitel clamou pelo fuzilamento, mais apropriado a um soldado, segundo a visão militar, mas não foi atendido. Lamentou não ter percebido que havia sido explorado e que havia limites até mesmo para um soldado leal e obediente, como afirmou em sua declaração final. Foi o segundo dos líderes nazistas a subir ao cadafalso, treze meses após o fim da Segunda Guerra Mundial. Aos 64 anos, suas últimas palavras foram: "Fiz tudo pela Alemanha; Alemanha acima de tudo!"

10. Os principais líderes do Terceiro Reich no banco dos réus, em Nuremberg. Da esquerda para a direita, na primeira fila: Göring, Hess, Ribbentrop e Keitel; na segunda fila: Dönitz, Raeder, Schirach e Sauckel.

ALFRED JODL (1890-1946)
Oficial de gabinete

Filho de um capitão de artilharia bávaro, Alfred Jodl nasceu em uma família relativamente bem-estabelecida. O avô fora oficial do Exército e o tio, um filósofo renomado em Viena. O pai, contudo, teve dificuldades na carreira por casar com a mãe de Alfred, uma jovem oriunda de uma família de agricultores, algo incompatível com as exigências da época. Os dois filhos do casal, no entanto, seriam generais durante a Segunda Guerra Mundial, sendo Alfred o mais conhecido deles pelo papel desempenhado no conflito como chefe do Estado-Maior de Operações do OKW e o principal consultor estratégico de Hitler.

Jodl ingressou como cadete de engenharia na escola militar em Munique, em 1908. Pouco tempo depois, já como tenente, passou para a artilharia, e com essa patente serviria durante a Primeira Guerra. Encerrado o conflito, ele entrou para o Estado-Maior Geral da Reichswehr, o reduzido Exército alemão pós-Tratado de Versalhes, onde teve como referências o general Wilhelm Adam e o coronel Konstantin Hierl — este um nazista convicto, que seria expulso do Exército. Nessa época, Jodl era considerado um reformista e, como diria depois o general Beck, um dos conspiradores contra Hitler, "um homem de futuro".[16] Foi por indicação de Beck que o então coronel Jodl passaria a servir como chefe da Sessão de Defesa Nacional na recém-criada Wehrmacht, em 1935. Mais tarde, às vésperas da invasão da Polônia, Jodl foi chamado para chefiar o Departamento de Operações do Alto-Comando da Wehrmacht. Embora o OKW praticamente não tivesse poder algum, o talentoso major-general passaria os seis anos seguintes junto a Keitel e Hitler — que Jodl só conheceu pessoalmente dois dias depois do início da Segunda Guerra Mundial.

Diferentemente de Keitel, Jodl não era um bajulador e com frequência discordava do Führer. Entretanto, era um "oficial de gabinete", como afirmou o general Rommel; um burocrata ligado a números e mapas, não um soldado com experiência de campo. Viu com maus olhos a invasão da União Soviética, e durante a Batalha de Stalingrado pediu que o ditador reexaminasse a situação do Cáucaso. Isso causou um dos conhecidos ataques de fúria de Hitler, que então acusou seus generais de traição. Jodl simplesmente trocou insultos com o ditador, que deixou o local e passou a recusar seu aperto de mão. A situação entre eles, porém, nunca foi além disso. Jodl continuou leal ao nazismo, seguindo as ordens do Führer, por mais que contrariassem as leis da guerra — ele foi o responsável por divulgar, sem questionamentos, entre outras, a diretriz de Hitler que ordenava a execução de todos os homens, armados ou não, envergando ou não uniforme, capturados na Frente Oriental. Certa vez, disse ao general Guderian, outro que costumava entrar em atrito com o ditador, que a intuição do Führer era infalível. "Ele sempre tem razão", afirmou. Depois de 1942, passou a evitar notícias que fossem desagradáveis ou contrariassem os desejos de Hitler. Após a guerra, Jodl descreveria a vida com Hitler, entre um quartel-general e outro, como "uma encruzilhada entre mosteiro e campo de concentração".[17]

Em 1943, Jodl perdeu a esposa, Irma, condessa de Bullion, com quem estava casado desde 1913. Logo em seguida casou-se com uma amiga íntima da falecida companheira, Luise von Benda. Durante o atentado contra Hitler, em 1944, na Prússia Oriental o coronel-general foi ferido e por algum tempo precisou usar bandagens na cabeça para cobrir os cabelos e a pele queimados. O corpo de oficiais estava acabado, afirmou na ocasião. O Vinte de Julho foi a data "mais negra na história da Alemanha", disse Jodl a membros do Estado-Maior.[18] Em 1945, foi nomeado por Hitler chefe do OKH e enviado pelo grande almirante Dönitz para assinar a rendição alemã em Reims, na França, o que fez em 7 de maio.

Capturado dias depois, em Flensburg, foi levado a julgamento em Nuremberg. Seu defensor o resumiu assim: "Soldado reto, conscencioso, realista, educado no corpo de oficiais: coragem, fidelidade e obediência." Jodl declarou que apenas seguira ordens; não cabia "ao soldado julgar o comandante supremo", e o juízo cabia à história e a Deus.[19] Como Keitel, foi condenado à morte por enforcamento e, como seu superior, declarou que não merecia o enforcamento, tradicionalmente associado aos traidores. Aos 56 anos, o nono dos líderes nazistas a subir ao cadafalso exclamou antes da execução: "Saúdo-te, minha Alemanha!"

KARL DÖNITZ (1891-1980)
O último líder do Terceiro Reich

Coube a Karl Dönitz, como presidente do Reich nomeado por Hitler, organizar a rendição incondicional da Alemanha aos Aliados, em maio de 1945. Antes de seu suicídio, o Führer havia destituído os dois homens mais poderosos do Partido Nazista, Göring e Himmler, e entregado a chefia do Estado nas mãos do homem que comandava a Kriegsmarine desde 1943.

O próprio Dönitz explicou, talvez ingenuamente, ou mesmo tendenciosamente, os motivos: "Eu era o oficial mais antigo de uma arma independente."[20] Na verdade, antes disso, era um convicto e leal nacional-socialista. E a Marinha, já desde muito tempo, era a mais nazista das forças da Wehrmacht.

Filho de um engenheiro, Dönitz nasceu no subúrbio de Berlim e entrou para a então Marinha Imperial aos dezenove anos. Quando a Primeira Guerra teve início ele servia como segundo-tenente em um cruzador. Depois de dois anos no mar, foi promovido e solicitou transferência para uma unidade de submarinos (os Unterseeboot ou U-Boot). Nesse meio-tempo, casou-se com a enfermeira Ingeborg "Inge" Weber, filha de um general. O casal teria três filhos, nascidos entre 1917 e 1922 (dois deles morreriam durante a Segunda Guerra). No fim da guerra, Dönitz comandava o submarino UB-68 no Mediterrâneo, quando foi capturado pelos britânicos e mantido preso até 1919. O modo como foi capturado, depois de ter atacado sozinho uma formação inimiga, e o tempo em que permaneceu no cativeiro serviram para que Dönitz refletisse sobre as táticas da guerra no mar. Naquele momento, ele estava criando o que mais tarde, durante o conflito seguinte, seria chamada de "tática de matilha", quando os U-Boot "caçariam" navios em "bandos", como lobos.

Depois de voltar para a Alemanha, continuou a carreira na Marinha. Quando Hitler assumiu a Chancelaria, Dönitz já era capitão de fragata. Embora tenha entrado oficialmente muito tarde para o NSDAP (somente em 1944), nunca escondeu a admiração e o entusiasmo pela ideologia nazista e por Hitler, que lutava contra o "veneno corrosivo do judaísmo". "O céu nos enviou o Führer", dizia. O grande almirante Erich Raeder afirmaria tempos depois que a paixão quase juvenil de Dönitz por Hitler fez com que fosse apelidado pelo corpo de oficiais de "jovem hitlerista", alusão a uma das organizações do partido.[21]

Com a deflagração da Segunda Guerra Mundial, Dönitz, como comandante de submarinos, deu início à guerra irrestrita e à tática de matilha, deixando os alemães muito próximos da vitória durante a Batalha do

Atlântico (1942-43) — somente nos primeiros meses de 1942, quando foi nomeado almirante, 585 navios dos Aliados, que transportavam alimentos e armamentos para a Grã-Bretanha em comboios, foram afundados; a média mensal durante aquele ano ultrapassou as 120 embarcações. Winston Churchill afirmaria após a guerra que o grande almirante foi o único oficial nazista que o manteve alerta, "em constante apreensão".

Em janeiro de 1943, o "lobo cinzento" Dönitz substituiu o velho comandante Erich Raeder como comandante em chefe da Kriegsmarine. A guerra, porém, estava perdida, e na fase final do conflito os marinheiros alemães lutavam mais em terra do que no mar. Mesmo com a derrota, sua lealdade ao nacional-socialismo era tal que ele ainda nutria a ilusão de que os Aliados usariam o nazismo como meio para manter os alemães coesos contra o comunismo numa reconstrução da Europa pós-guerra.

Preso pelos britânicos em Flensburg, foi levado a julgamento em Nuremberg, onde foi condenado a dez anos de prisão por planejar e travar uma guerra de agressão e cometer crimes de guerra. Mesmo tendo presenciado

11. Dönitz, ao centro, seguido de Speer e Jodl,
é preso pelos britânicos em Flensburg.

os Discursos de Posen proferidos por Himmler, ele alegou não saber do Holocausto e que sempre agiu de acordo com o código militar. Foi mantido em Spandau até sua libertação, em 1956, retirando-se para Aumühle, onde escreveu suas memórias. A esposa, Inge, faleceu quatro anos mais tarde. Karl Dönitz morreu de infarto aos 89 anos, ainda admirado por militares e neonazistas como o último líder do Terceiro Reich.

3
NA INTIMIDADE DO FÜHRER

Hitler tinha pouca ou nenhuma perícia no trato com pessoas. Um de seus biógrafos chegou a afirmar que ele era uma "não pessoa", alguém que não teve vida privada. Sua vida sempre foi pública e, depois de alcançar o poder, passou a ser apenas "o Führer". A rotina diária e o contato com as pessoas eram limitados a um pequeno círculo de serviçais e personalidades que estavam ligadas a ele por laços políticos. Sua "casa", o Berghof, nos Alpes, era frequentada por bem pouca gente, salvo os principais líderes do Partido Nazista. Ainda assim, mesmo nomes proeminentes, como Ribbentrop e Rosenberg, que estiveram com Hitler desde o começo, nunca compartilharam de sua intimidade. Durante os chamados "anos de luta", antes da chegada ao poder, suas companhias frequentes eram nomes de reputação duvidosa, como Christian Weber, um leão de chácara de bares e negociante de cavalos, e o açougueiro Ulrich Graf. Seu entorno foi melhorando à medida que sua influência crescia. Ernst Hanfstaengl, filho de um editor de livros, foi quem apresentou Hitler à alta sociedade. Rudolf Hess era filho de um empresário e Emil Maurice, seu primeiro motorista, um ex-relojoeiro — que caiu em desgraça após a descoberta de sua ancestralidade judaica e de se relacionar com o grande amor de Hitler, a sobrinha Geli Raubal. Max Amann, Fritz Wiedemann, Julius Schaub,

Wilhelm Brückner e Heinrich Hoffmann também faziam parte do grupo mais próximo de Hitler, frequentadores da cervejaria Bürgerbräukeller, dos cafés Heck e Neumaier e dos restaurantes Bratwurst Glöckl e Osteria Bavaria, que servia comida italiana, em Munique — e mais tarde do luxuoso hotel Vier Jahreszeiten.

No período imediatamente pré-guerra, o grupo de servidores de Hitler sofreu alterações. Angela Raubal, sua meia-irmã e administradora do Berghof, foi dispensada; o serviçal Karl Krause foi despedido; e seu motorista, Julius Schreck, morreu de meningite. Hanfstaengl, chefe do Escritório de Imprensa Estrangeira, fugiu para a Inglaterra em 1937. Wiedemann, que durante a Primeira Guerra fora capitão e superior de Hitler e era seu ajudante pessoal, foi transferido em 1939 para o Consulado-Geral alemão em São Francisco, nos Estados Unidos, após seu envolvimento com a princesa Stephanie von Hohenlohe, supostamente de família judia. E Brückner, que era o principal ajudante de ordens de Hitler, foi substituído por Schaub.

Se o acesso ao Führer era difícil nos anos 1930, com a Segunda Guerra, além dos líderes do partido, apenas o Alto-Comando da Wehrmacht tinha permissão para se aproximar ou se manter junto dele — e depois do atentado à bomba, na Toca do Lobo, em julho de 1944, somente uns poucos oficiais. Além destes, Hitler tinha na intimidade um grupo de trabalho e de serviçais que faziam parte da "família". Esse grupo era pequeno, bastante jovem e distinto, mas muitos ali se mostrariam mais fiéis que seus companheiros políticos ou líderes militares: Julius Schaub, Otto Günsche, Heinz Linge, Albert Bormann e Hans Junge (que se casou com Traudl Humps em 1943 e morreu um ano depois, em combate na França) eram seus ajudantes pessoais; Johanna Wolf, conhecida por "Wolferl", Christa Schroeder, Gerda Daranowski, a "Dara", e Traudl Humps (mais conhecida como Traudl Junge) eram suas secretárias; Hans Baur servia como piloto particular, Georg Betz, como copiloto ou piloto reserva, e Erich Kempka, como motorista; Constanze Manziarly, uma jovem austríaca, filha de pai grego, servia como nutricionista e cozinheira; e Arthur Kannenberg, como gerente-geral das residências do Führer. Hitler tinha ainda como assessores militares Friedrich Hossbach (Exército), Karl-Jesko Otto von Puttkamer (Kriegsmarine) e Nicolaus von Below (Luftwaffe).

12. Hitler e seus assessores particulares em Obersalzberg, no Ano-Novo de 1939. Além de Eva e Gretl Braun, ao centro, de braços dados com Hitler, é possível identificar Brückner, as secretárias Schroeder e Wolf, o fotógrafo Heinrich Hoffmann, o dr. Morell e Martin Bormann.

JULIUS SCHAUB (1898-1967)
O ajudante-chefe

Entre todos os assessores de Hitler, Julius Schaub foi o que por mais tempo permaneceu ao lado do ditador. Veterano da Primeira Guerra, onde serviu como enfermeiro, Schaub entrou para o Partido Nazista em 1920, motivo pelo qual alegou ter perdido o emprego em uma empresa de Munique.

Um pouco mais tarde, passou a integrar a "Stosstrupp-Hitler", a tropa de choque do chefe, participando do Putsch da Cervejaria, em 1923. Foi preso e cumpriu pena junto com Hitler e Hess, na prisão de Landsberg. Solto, ele entrou para a SS e a partir de 1º de janeiro de 1925 tornou-se um dos secretários particulares de Hitler, cargo que ocuparia até os dias finais do Terceiro Reich. Logo após o começo da Segunda Guerra, em 1940, em substituição a Brückner, passou a ajudante-chefe do ditador, alcançando o posto de SS-Obergruppenführer — equivalente a general do Exército — na temível tropa de elite de Himmler. Em 1936, Schaub foi eleito para o Reichstag e dois anos depois acompanhou de perto a Noite dos Cristais, relembrando, como observou Goebbels, os tempos de "Stosstrupp" e dos combates de rua contra os "vermelhos", durante a década de 1920.

Além de guarda-costas, Schaub cuidava da documentação particular do líder nazista, servia como "caderneta de anotações" e acertava contas pessoais, tanto as de Hitler quanto as de Eva Braun. O onipresente faz-tudo do Führer era também o responsável por organizar as viagens e administrar o dinheiro para o pagamento dos gastos em hotéis e restaurantes. Com assento cativo no automóvel ou no avião particular de Hitler, Göring apelidou Schaub de "marechal-viagem".

Antes do começo da Segunda Guerra, o líder nazista mantinha uma rotina pouco alterada. No final da manhã, o serviçal Krause batia a sua porta e deixava os jornais e as mensagens importantes do lado de fora da suíte privada do chefe na nova Chancelaria. Hitler, que detestava a ideia de que alguém o visse nu, vestia-se sozinho e só então deixava o quarto, já perto do meio-dia. Enquanto lia os jornais, Schaub o punha a par da agenda do dia e das questões mais urgentes, anotava recados e fazia as ligações telefônicas necessárias. Segundo Traudl Junge, Schaub "era extremamente gentil e também curioso. Estava sempre colecionando anedotas que pudessem entreter o Führer durante o café da manhã". Christa Schroeder o descreveu como um "típico bávaro", sempre desconfiado e pronto para servir a Hitler. Segundo ela, Schaub "não fazia uma boa figura; tinha os olhos um pouco salientes e, devido ao congelamento dos dedos dos pés durante a Primeira Guerra, às vezes mancava um pouco". Em seu livro de memórias, Otto Wagener, ex-chefe do Estado-Maior da SA, lembrou que se alguém precisasse de algo de Hitler, ou desejasse ser anunciado, necessitava do auxílio de Schaub.[1] Qualquer um que quisesse ter certeza de que Hitler leria determinado documento obrigatoriamente teria de entregá-lo a Schaub. Com o início da guerra, o Führer trocou a Chancelaria pela Toca do Lobo, em Rastenburg, entre outros quartéis-generais. Schaub o acompanhou como uma sombra, embora Heinz Linge tenha assumido as tarefas mais prosaicas.

Com Berlim cercada pelos soviéticos, em abril de 1945 Schaub partiu para a Baviera, a fim de cumprir a "última ordem" de seu Führer: destruir os documentos particulares de Hitler no apartamento da Prinzregentenplatz, 16, em Munique, e do Berghof, no Obersalzberg. "Nenhum fragmento" poderia cair nas mãos do inimigo, e as pilhas de cartas e anotações foram destruídas "com a ajuda de alguns tambores de gasolina". Ele foi também o responsável por destruir o Führersonderzug, o trem especial de Hitler.[2]

Preso pelos norte-americanos na Áustria, Schaub permaneceu sob custódia até 1949, passando por um processo de desnazificação. Nunca foi considerado um criminoso de guerra; era apenas um "companheiro de viagens" de Hitler. Contudo, ele espalhou uma série de informações contraditórias sobre o líder nazista, afirmando, por exemplo, que ele nunca teria ouvido falar da "questão judaica" e do extermínio de milhões no Leste, obviamente para fugir à prisão e manter intacta a imagem de seu chefe adorado. Mais tarde, escreveu *In Hitlers Schatten* [À sombra de Hitler], seu livro de memórias. Morreu em sua cidade natal, Munique, aos 69 anos.

HEINRICH HOFFMANN (1885-1957)
O fotógrafo

Um dos amigos mais próximos de Hitler, Heinrich Hoffmann conheceu o futuro líder nazista em 1922 — pelo menos foi o que afirmou em suas memórias. Curiosamente, Hoffmann entrara para o Partido Nazista quase ao mesmo tempo que Hitler, dois anos antes. Alguns historiadores acreditam que os dois se conheciam desde 1919, logo após a publicação do primeiro livro de fotografias de Hoffmann — obra com imagens da revolução socialista na Baviera. Ele que herdara a profissão do pai, fotógrafo da corte real, e tinha se estabelecido com uma casa de fotografias em 1909, era apenas três anos mais velho do que Hitler e também servira durante a Primeira Guerra, como correspondente do Exército bávaro.

O gosto comum pela arte, o antibolchevismo e o antissemitismo aproximaram os dois. Ambos tinham contato com o escritor nacionalista Dietrich Eckart, amigo e um dos mentores de Hitler e Hoffmann, que editava a revista *Auf gut deutsch* [Em bom alemão]. De toda forma, inicialmente, Hoffmann não tinha permissão para fotografar Hitler, o que só aconteceu em 1923, com o Putsch da Cervejaria. Na época, antes da invenção dos rolos de filme, Hoffmann ainda usava chapas de vidro. O resultado foi a publicação de *Deutschlands Erwanchen in Wort und Bild* [O despertar da Alemanha em palavras e imagens], livro que saiu no ano seguinte, o primeiro de vários outros que seriam publicados até a década de 1940. Ao fim da guerra, o arquivo fotográfico de Hoffmann ultrapassava os 2,5 milhões de imagens, quase que unicamente de Hitler.

Em 1926, Hoffmann fundou, com Hermann Esser — o primeiro responsável pela propaganda nazista —, o *Illustrierter Beobachter*, semanário do partido fartamente ilustrado. Também conseguiu que o jornal diário do partido, o *Völkischer Beobachter*, passasse a usar fotografias. Nessa época, Hitler já era frequentador assíduo da residência dos Hoffmann — o fotógrafo era casado desde antes da Primeira Guerra com "Lelly" Therese Baumann. Segundo escreveu Albert Speer em suas memórias, Hitler se sentia "em casa" junto dos Hoffmann. O futuro ditador despojava-se da formalidade, afirmou ele, deitando-se no jardim da casa em "mangas de camisa". Lelly morreu prematuramente em 1928 e Hoffmann se casou novamente um ano depois, com Erna Gröbke. A filha do primeiro casamento, Henriette, conhecida como "Henny", casou-se com Baldur von Schirach, líder da Juventude Hitlerista. Schirach lembraria mais tarde que Hitler tinha uma "vida familiar" na casa de seu sogro.

Como fotógrafo oficial de Hitler, o negócio de Hoffmann prosperou. Além do ateliê Photohaus Hoffmann, na Schellingstrasse, 33, em Munique, onde líderes nazistas posavam para imagens oficiais e Hitler conheceu Eva Braun, logo surgiram uma loja de fotografias — cujo nome Der braune Photoladen fazia alusão às cores do uniforme do partido e da SA, os "Camisas-Pardas" — e uma editora de imagens, com sede em Munique e filial em Berlim. Durante o Terceiro Reich, Hoffmann publicou vários livros com fotos de Hitler, contribuindo significativamente com a construção da imagem do Führer como "Pai da Pátria" e líder onipresente e carismático. Entre muitos outros, fizeram grande sucesso *Jugend um Hitler* [Juventude ao redor de Hitler], de 1934; *Hitler in seinen Bergen* [Hitler em suas montanhas], de 1935; *Hitler wie ihn keiner kennt* [Hitler como ninguém conhece], de 1936; *Hitler abseits vom Alltag* [Hitler longe do cotidiano], de 1937; e *Hitler erobert das deutsche Herz* [Hitler conquista o coração alemão], de 1938. Neste mesmo ano, Hitler o nomeou "professor" e um ano depois ele entrou para o Reichstag.[3]

Antes do começo da Segunda Guerra, Hoffmann amealhara uma fortuna com a venda dos livros e das fotografias de Hitler, além de conseguir comprar várias obras de arte, incluindo muitas aquarelas do chefe. Foi dele também, em conluio com Martin Bormann, a ideia de reter uma porcentagem das vendas dos selos postais com a efígie de Hitler — o que rendeu ao Führer mais de 75 milhões de marcos em doze anos e muitas críticas posteriores. O jornalista Werner Friedmann, editor de um importante periódico alemão pós-guerra, o classificou como um dos "parasitas mais gananciosos" do Terceiro Reich. Assim como fizera durante a década de 1930, quando acompanhava Hitler a comícios do partido, inaugurações e paradas militares por toda a Alemanha, Hoffmann continuou seguindo o Führer por onde quer que ele fosse durante a guerra. Em 1940, quando fotografou Hitler junto ao túmulo de Napoleão nos Inválidos, na Paris ocupada, teria dito: "Este é o grande e melhor dia da minha vida."

Hoffmann foi preso pelo Exército norte-americano em maio de 1945. Seu julgamento ocorreu em 1947, quando foi condenado a dez anos de prisão por ter lucrado com o conflito. Além disso, perdeu o título de professor e teve a fortuna, estimada em 6 milhões de marcos, quase que totalmente confiscada. Como em quase todos os casos de colaboradores de Hitler sem ligação direta com o Holocausto ou com os crimes perpetrados durante a Segunda Guerra Mundial, teve a pena abrandada, sendo libertado em 1950. Cinco anos depois publicou um livro de memórias, *Hitler was my friend* [Hitler era meu amigo]. Hoffmann morreu aos 72 anos, no pequeno vilarejo de Epfach, a oitenta quilômetros de Munique.

13. Heinrich Hoffmann, o fotógrafo oficial de Hitler, organiza seu arquivo de fotografias.

CHRISTA SCHROEDER (1908-84)
A secretária

Christine "Christa" Schroeder permaneceu doze anos a serviço do Führer, quase todo o período do Terceiro Reich, entre meados de 1933 e abril de 1945. Das quatro secretárias de Hitler, apenas Johanna Wolf permaneceu mais tempo — atuava desde 1929 para o NSDAP e, desde janeiro de 1933, diretamente para o novo chanceler. Schroeder começou a carreira em 1930, quando se inscreveu para trabalhar no escritório do partido, a chamada Casa Marrom, na Schellingstrasse, 50, em Munique. Excelente estenógrafa, foi selecionada entre 87 concorrentes e designada para atuar na SA — mesmo não sendo membro do partido, não tendo interesse em política e não conhecendo Hitler. Três anos depois, estava em Berlim, a serviço de Brückner, o ajudante de ordens de Hitler. Segundo ela escreveu em suas memórias, o "acaso quis" que a secretária titular estivesse ausente quando Hitler precisou ditar uma carta urgente.[4] Naquele momento, o sotaque austríaco, a simplicidade e a cordialidade do Führer conquistaram Schroeder. Depois daquele dia, ela, então com 25 anos, não teria mais vida própria.

Quando as coisas corriam bem, Hitler externava felicidade e carinho. Na ocasião em que a Tchecoslováquia se transformou num protetorado alemão, um Führer exultante procurou as duas secretárias de plantão, Schroeder e Daranowski. "Então, meninas, cada uma de vocês me dê um beijo aqui e aqui", disse, apontando para as bochechas. "Serei lembrado como o maior alemão da história." O encanto de trabalhar para o homem mais poderoso da Europa, no entanto, não resistiu ao tempo. Em 1938, ela ficou noiva do diplomata iugoslavo Lav Alkonic, mas Hitler nunca concordou com o envolvimento de sua secretária particular com um estrangeiro. A Gestapo vigiou o casal e, em 1941, o rompimento foi inevitável.

A Segunda Guerra Mundial acabou com qualquer chance de melhora. Depois da invasão da União Soviética, a Chancelaria deu lugar à Toca do Lobo como lugar de trabalho. Posteriormente, Schroeder lamentou que sua existência tivesse sido reduzida "a uma vida atrás de barreiras e cercas vigiadas, especialmente durante os anos de guerra, nos vários quartéis-generais do Führer". Segundo ela, além da monotonia da convivência com Hitler, o isolamento era completo; não havia privacidade e sua identidade fora perdida — independência e compreensão rápida das coisas eram, segundo relatos posteriores, as grandes qualidades dela. Tudo se resumia a um cartão de identificação. A falta de contato com pessoas comuns e com a vida real era algo aterrador.

Após a guerra, foi várias vezes questionada se era nazista. Sempre respondia que o cargo de secretária não a fizera nazista, do mesmo modo que um cargo semelhante no Partido Comunista não a faria marxista. Pouca gente acreditou, embora muitos dos que estiveram na intimidade do Führer confirmassem que Christa Schroeder tinha opinião própria, era extremamente crítica e não poucas vezes entrou em discussões com Hitler.

Em abril de 1945, ela partiu para a Baviera junto com Wolf, Morell e Blaschke, entre outros membros do círculo privado de Hitler. Capturada em maio, foi interrogada e mantida como prisioneira de guerra até 1948, sendo então libertada e classificada apenas como "moderadamente nazista". Enquanto esteve no campo de prisioneiros de Augsburg, foi entrevistada várias vezes por Alfred Zoller, agente de espionagem e capitão do 7º Exército norte-americano, que falava "um excelente alemão com sotaque alsaciano". Livre, ela retornou à atividade de secretária na Alemanha, primeiro em Gmünd, em uma empresa de metais leves, e depois, a partir de 1959, em Munique, trabalhando em uma firma de construções. As entrevistas com Zoller e as consequentes anotações resultaram em um livro publicado em 1949. Um livro de memórias, organizado por Anton Joachimsthaler, saiu após sua morte. Schroeder faleceu em Munique, solteira, aos 76 anos.

HANS BAUR (1897-1993)
O piloto

Hans Baur tinha apenas dezessete anos quando se alistou na Real Força Aérea da Baviera, em meio à Primeira Guerra Mundial. Foi um dos 36 a passar nos testes dentre 136 candidatos. Treinou artilharia e passou a ser piloto de observação, encerrando a guerra como segundo sargento e com a condecoração Cruz de Ferro de Primeira Classe no bolso. Como boa parte dos soldados alemães no pós-guerra, atuou nos Freikorps, mas por pouco tempo. Logo encontrou emprego e uma carreira no correio aéreo e no transporte de passageiros, primeiro na Bayerische Luft-Lloyd e depois na Junkers Luftverkehr, braço da companhia fabricante de aviões Junkers. Em 1926, a empresa se transformou na Lufthansa e Baur conheceu seu novo diretor, o meio-judeu e mais tarde marechal do ar na Luftwaffe Erhard Milch, além de Rudolf Hess, então piloto amador e futuro vice-Führer. Naquele mesmo ano entrou para o Partido Nazista.

Tempos depois, em 1932, em meio à campanha presidencial, fez o primeiro voo com Hitler. Depois de receber um elogio do ex-cabo pela experiência na aviação, adquirida durante a Primeira Guerra, Baur teria retribuído a gentileza, informando Hitler de que morava "a menos de uma hora do lugar onde o senhor nasceu". Desde então Baur era frequentemente chamado para os voos do líder nazista — o primeiro político a fazer uso de um avião particular. Em 1933, quando Hitler se tornou chanceler, Baur foi integrado à equipe de assessores, sendo o responsável por pilotar o Junkers Ju 52/3mfe, matrícula número 4021, prefixo D-2600, chamado *Immelmann* — homenagem ao alemão Max Immelmann, um ás da Primeira Guerra. Quatro anos depois, o Junkers foi substituído por um Focke-Wulf Fw 200A-0 "Condor", matrícula 3099, mantendo o prefixo, que identificava as aeronaves do Führer, e o nome de *Immelmann III*. Embora fosse um avião particular, pouco diferia do restante dos aviões civis, exceto pela mesa dobrável no assento predileto de Hitler, no lado direito da cabine, um relógio, um altímetro e um indicador de velocidade instalados a pedido do Führer. Durante a guerra, para dar mais segurança a Hitler, um esquadrão de proteção foi organizado, o "Fliegerstaffel des Führers", e Baur, que desde 1933 passara a integrar a SS, alcançou os postos de tenente-general de polícia e SS-Gruppenführer — patente correspondente à de tenente-general no Exército.

Entrementes, Baur se casou em 1920 com Elfriede, conhecida como "Frieda", com quem teve uma filha. A esposa morreu de câncer em 1935 e Baur se casou uma segunda vez, em 1936. Hitler foi padrinho e a cerimônia reservada se deu no apartamento do Führer, em Munique. Sua nova esposa, Maria Pohl, era membro da Liga das Mulheres Nazistas e lhe deu três filhas. Baur acreditava que, além de charmoso, Hitler era "um homem realmente notável, gentil e atencioso", "um grande homem, um dos maiores que o mundo já conheceu".[5] Se a história não fosse contada pelos vencedores, para Baur, Hitler seria um "gigante entre os homens". Ele também nutria admiração por Eva Braun. Ao contrário de muitos do círculo privado do ditador, o piloto a via como "uma mulher simples e encantadora".

Em 1945, Baur deixou a esposa e uma filha recém-nascida na Baviera e se dirigiu para Berlim. Com a capital cercada pelos soviéticos, ele preparou um pequeno Fieseler Fi 156 "Storch" para que Hitler pudesse deixar a cidade — o que nunca aconteceu. O último presente do líder nazista ao fiel Baur foi o famoso quadro de Frederico, o Grande, pintura de Anton Graff, que o piloto transportara de um quartel-general para outro durante a guerra. Após o suicídio do ditador, Baur abandonou o Führerbunker junto com um grupo de quatorze pessoas, entre elas Bormann, Kempka e Axmann.

Atingido por tiros de metralhadora, foi capturado pelos soviéticos e levado para um hospital militar no campo de prisioneiros de Posen, onde teve uma perna amputada. Mais tarde, foi levado a Moscou, tendo como assistente Rochus Misch, o telefonista do bunker. Foi transferido para um campo próximo de Ecaterimburgo e depois para Woikovo. Baur foi julgado e condenado a 25 anos de prisão por crimes de guerra contra o povo soviético. Libertado em outubro de 1955, voltou para a Alemanha, onde se casou com sua terceira esposa, Crescentia "Centa", e escreveu suas memórias, *Ich flog Mächtigen der Erde* [Eu transportei os mais poderosos da Terra]. Mesmo depois de tomar conhecimento dos horrores do Holocausto, Baur continuou leal ao nazismo, afirmando que sacrificaria a outra perna pelo chefe, caso fosse necessário. Até o fim manteve uma pintura do

Immelmann em casa, e negava que houvesse existido uma Solução Final, afirmando que não passava de propaganda aliada para desmoralizar os alemães. Quando faleceu, em Herrsching, aos 95 anos, ainda era conhecido como "capitão-piloto" de Hitler.

14. Hitler sobrevoa Nuremberg a bordo do Junkers Ju-52, o Immelmann, pilotado por Hans Baur, por ocasião do encontro nacional do Partido Nazista, em 1934.

ERICH KEMPKA (1910-75)
O motorista

Em 1936, quando Julius Schreck morreu de meningite, Erich Kempka foi selecionado para substituí-lo como motorista-chefe do Führer. Kempka dirigia para Hitler havia quatro anos. Durante as eleições, enquanto Schreck fazia o trecho de viagens pelo noroeste alemão, o jovem de 22 anos percorria o restante do país — 132 mil quilômetros, cruzando a Alemanha, dirigindo "noite e dia". Kempka, que havia estudado eletrotécnica na escola, trabalhou na fábrica da DKW até 1930, quando entrou para o Partido Nazista e para a SS como motorista da regional Essen. Estava trabalhando para Josef Terboven quando foi selecionado para integrar o grupo especial de escolta de Hitler, o SS-Begleitkommando des Führers, em 1932. Não deixa de ser intrigante que ele tenha conseguido ser selecionado e passado pelos rígidos padrões "raciais" da SS sendo neto de imigrantes poloneses estabelecidos no Ruhr. De qualquer forma, com o passar dos anos, ele estabeleceu uma relação de amizade com o ditador. Hitler, que costumava levar lanches para seu motorista e raramente falava sobre política, parecia corresponder à ideia que seus assessores tinham dele. "Meus motoristas e pilotos são meus melhores amigos! Confio minha vida a esses homens!", relatou certa vez. Em suas memórias, Kempka descreveu o líder nazista como um "amigo paternal", alguém com quem se podia falar sobre problemas de família e necessidades pessoais.[6]

A frota de limusines e carros blindados de Hitler, comandada por Kempka, era composta por quase uma dezena de automóveis, espalhados em pontos estratégicos da Alemanha — e, com a guerra, nos territórios ocupados. Eram todos produzidos pela Daimler AG. O Mercedes-Benz 770 W150, com seis metros de comprimento, provavelmente era seu modelo mais conhecido. No final da Segunda Guerra, já com a patente de SS-Obersturmbannführer — posto equivalente ao de tenente-coronel do Exército —, Kempka controlava a frota da Chancelaria, com quarenta veículos e sessenta motoristas. Nesse meio-tempo, enquanto dirigia para o Führer, Kempka entrou para o Lebensborn e chegou a noivar com uma das secretárias de Hitler, Gerda Daranowski — mais tarde Gerda Christian, por seu casamento com um oficial da Luftwaffe.

No final de abril de 1945, foi chamado ao telefone por Otto Günsche para que providenciasse cerca de duzentos litros de gasolina e os levasse até a entrada do bunker de Hitler. Kempka não foi avisado do motivo, tomando conhecimento apenas quando chegou ao local. O combustível serviria para incinerar os corpos de Hitler e Eva Braun. Com auxílio de Günsche, o motorista, que achava a primeira-dama do Terceiro Reich uma "mulher modesta e reservada" e a "mais infeliz da Alemanha", se encarregou de depositar o corpo de Eva do lado de fora, a poucos metros da porta do bunker.[7] O pequeno grupo que estava junto fez a saudação nazista, ateou fogo aos corpos e entrou para a segurança do abrigo.

Depois da fuga do Führerbunker e de Berlim, Kempka conseguiu chegar a Berchtesgaden, onde foi preso pelo Exército norte-americano em junho. Internado em vários campos de prisioneiros, foi posto em liberdade em outubro de 1947. Três anos depois, publicou um livro de memórias, *Ich habe Adolf Hitler verbrannt* [Eu cremei Adolf Hitler]. Tempos depois, a obra ganhou versões menos sensacionalistas, embora o relato e os detalhes do ocorrido no Führerbunker continuassem contraditórios em muitos pontos. Ele continuou realizando reuniões com ex-membros da SS até a morte, aos 64 anos, em Freiburg.

HEINZ LINGE (1913-80)
O valete

Nascido às vésperas da Primeira Guerra, Heinz Linge tinha dezenove anos quando abandonou o ofício de pedreiro e o curso técnico para se juntar ao Partido Nazista e à SS. Em março de 1933, pouco depois da subida de

Hitler ao poder, ele foi selecionado para integrar a Leibstandarte SS Adolf Hitler, uma divisão especial de guarda responsável pela segurança do novo chanceler, e logo depois para o Führerbegleitkommando, o seleto grupo de guarda-costas do Führer — todos homens com menos de 25 anos e altura superior a 1,80 metro. Até o fim da Segunda Guerra Mundial, Linge alcançaria o posto de SS-Obersturmbannführer — o equivalente à patente de tenente-coronel no Exército.

Em 1935, Linge foi escolhido para servir a Hitler como mordomo, tendo passado por um curso preparatório de hotelaria. Quatro anos depois, com a demissão de Karl Krause, passou a ser o criado-chefe de Hitler e um dos mais íntimos serviçais do ditador, ocupando o espaço que Julius Schaub tivera antes da guerra. Tendo acompanhado o Führer em conferências, manifestações públicas, reuniões privadas e a quartéis-generais, poucos conheceram tão de perto Hitler e sua camarilha quanto ele. Linge era responsável por todos os aspectos da vida de Hitler, desde o cuidado diário com suas roupas e sua dieta até as tarefas mais triviais, como manter o ditador sempre com seus óculos de leitura e lápis de anotações à mão. Era ele quem acordava Hitler pela manhã e controlava o acesso ao escritório do Führer, sempre à disposição ao menor movimento ou desejo do chefe. Acreditava fielmente que Hitler era um "grande homem" e lhe devotava lealdade e obediência absolutas, mas era menos ligado à ideologia e às questões políticas do que outros empregados.

Em abril de 1945, Linge viveu os últimos dias do Terceiro Reich trancado junto com Hitler no deprimente e lúgubre Führerbunker. Prestes a cometer suicídio, Hitler teria feito Linge prometer que não deixaria seu cadáver cair nas mãos dos soviéticos. Questionado pelo criado por quem deveria lutar após sua morte, Hitler teria respondido: "Pelo homem que virá!" Segundo a própria versão, teria sido Linge o primeiro a abrir a porta do estúdio do ditador, pouco depois das 15h30, e ver os corpos de Hitler e Eva Braun estendidos nos sofás. O camareiro também afirmou ter sido ele quem providenciou os cobertores com os quais os corpos foram enrolados e levados para fora do bunker.[8]

Depois de deixar o Führerbunker, Linge caiu prisioneiro dos soviéticos, sendo levado para Moscou e interrogado por agentes da NKVD, a polícia secreta de Stálin. Pressionado a dizer o paradeiro de Hitler, relatou aos russos detalhes sobre os últimos dias do ditador e também confidenciou o quanto o líder nazista mostrava-se interessado no desenvolvimento das câmaras de gás, conversando sobre o assunto com Himmler, sempre a "portas fechadas". O interrogatório, acompanhado de perto pelo próprio ditador comunista, resultaria em um relatório sobre Hitler de mais de quatrocentas páginas.

Julgado como criminoso de guerra, em 1950 Linge foi condenado a 25 anos de trabalhos forçados, pena diminuída com a morte de Stálin em 1953, o fim do estado de guerra e a visita diplomática do chanceler alemão, Konrad Adenauer, à União Soviética, em setembro de 1955. Em outubro daquele ano, ele foi libertado com muitos outros prisioneiros alemães — mais de 9.600 retornaram à Alemanha no que ficou conhecido como a "Volta ao Lar dos Dez Mil".

Depois de uma década de torturas, maus-tratos e miséria, o valete de Hitler retornou para casa e encontrou trabalho como representante comercial na Delfs-Nordmark-Fertighäuser, onde ficou até a aposentaria. Escreveu suas memórias, publicadas com o título *Bis zum Untergang* [Até a queda]. Morreu em um hospital em Hamburgo, pouco antes de completar 67 anos.

THEODOR MORELL (1886-1948)
O médico

Ao longo do Terceiro Reich, Hitler teve o acompanhamento de vários médicos. Entre eles estava o doutor Karl Brandt, um dos responsáveis pelo programa de eutanásia chamado Aktion T4; o cirurgião-dentista Hugo Blaschke, que tratava do ditador desde 1938; Hans-Karl von Hasselbach; Erwin Giesing; e Ludwig Stumpfegger, o médico da SS que estava no bunker nos dias finais do Führer. Nenhum deles, porém, alcançou a importância do doutor Theodor Morell.

Morell estudara medicina em Giessen, Heidelberg, Grenoble, Paris e Munique, onde obteve o doutorado pouco antes da Primeira Guerra. Ele serviu como voluntário durante o conflito e posteriormente se estabeleceu em Berlim, onde se casou com a atriz Johanna "Hanni" Moller. Quando Hitler se tornou chanceler, em 1933, o médico entrou para o Partido Nazista. Ele mantinha um consultório na Kurfurstendamm, 216, e já era bastante conhecido na capital, por tratar de famosos, artistas, esportistas e políticos, quando foi chamado à Casa Marrom, a sede do partido em Munique, na primavera de 1936. Como especialista em doenças venéreas, precisava atender, com toda a discrição possível, o fotógrafo pessoal do Führer.

Curada a gonorreia de Heinrich Hoffmann, Morell caiu nas graças de Hitler — que, entre outras coisas, sofria de fortes dores estomacais e intestinais, além de intensa flatulência. Não foi preciso fazer muito esforço para convencer o hipocondríaco líder nazista da necessidade do uso de medicamentos. Se Hitler precisasse fazer um discurso ou uma aparição importante, Morell lhe aplicava injeções com complexos vitamínicos no dia anterior, no dia do discurso e no dia seguinte. Ele se tornou dependente e Morell foi logo apelidado por Göring de "mestre das injeções do Reich". O Führer também era medicado com grandes quantidades das chamadas "pílulas de ouro". Tais comprimidos eram feitos à base de dextrose, vitaminas e hormônios animais, opiáceos e estimulantes, capazes de aliviar o cansaço e os espasmos intestinais — a cocaína também era usada como colírio. Ao todo, segundo Morell, seu "paciente A" tomava 28 medicamentos, parte deles diariamente.

A influência do médico sobre o Führer, no entanto, não era bem-vista. Himmler o mantinha sob constante vigilância da Gestapo, e Speer o chamou de "fanático da profissão e do dinheiro" e adepto de métodos não convencionais. De fato, Morell tinha má fama entre os integrantes do círculo de Hitler, sendo constantemente acusado de charlatanismo; também o chamavam de "gorducho" e "encardido". A própria Eva Braun, a "paciente B", revelou que o doutor era "repugnantemente sujo".

Não obstante, para agradar a Hitler, todos tinham que se consultar com Morell: Speer, Ribbentrop, Hess, Riefenstahl e até mesmo as secretárias. A confiança em Morell era tal que, em 1944, o otorrinolaringologista Giesing descobriu e relatou aos outros integrantes da equipe médica que os comprimidos usados pelo Führer continham estricnina. Quando descobriu as articulações de Giesing, Brandt e Hasselbach contra seu protegido, Hitler ficou furioso e demitiu todos eles. Stumpfegger, um dos médicos de Himmler, foi então chamado para ocupar o lugar dos despedidos.

As grandes quantidades de drogas ministradas por Morell, porém, não ajudaram Hitler a vencer a guerra. No começo de 1945, a fortuna e o império farmacológico do "doutor das seringas" estavam destruídos, assim como a Alemanha. Em abril, Morell tentou ministrar uma dose extra de glicose, mas Hitler o acusou de querer usar morfina e drogá-lo para que fosse retirado de Berlim, como queriam muitos oficiais. Num acesso de fúria, o "paciente A" despediu o doutor: "Vá para casa, tire seu uniforme de médico e faça como se nunca tivesse me visto."[9]

Morell deixou a capital do Reich, cercada pelos soviéticos, e se dirigiu com um pequeno grupo de colaboradores até Berchtesgaden, onde mantinha seu laboratório de pesquisa. Acabou preso pelos norte-americanos pouco tempo depois, em Bad Reichenhall. Foi interrogado, mas pouco pôde falar; mal conseguia dizer "gostaria de não ser eu", o que repetia constantemente. Tinha tremores e impulsos paranoicos na cela da prisão, temia pela própria vida e se sentia perseguido pelo ex-líder da SS. Doente, foi poupado do julgamento em Nuremberg e libertado em 1947. Encontrado por uma enfermeira da Cruz Vermelha na estação central de Munique, Morell foi levado para o hospital em Tegernsee, onde morreu no ano seguinte. A esposa, Hanni, morreu em 1983.

OTTO GÜNSCHE (1917-2003)
O ajudante

Embora fosse membro do Partido Nazista desde 1934 e adjunto SS de Hitler a partir de 1940, Otto Günsche é mais lembrado como ajudante do ditador por estar diretamente envolvido com os últimos dias do Terceiro Reich, sendo testemunha ocular dos fatos acontecidos no Führerbunker em abril de 1945.

Entre 1941 e 1942, Günsche frequentou a academia de oficiais da SS e depois entrou em ação com uma divisão de granadeiros da Leibstandarte SS Adolf Hitler, onde serviu como comandante de batalhão e depois comandante da companhia de blindados. No começo de 1943 tornou-se ajudante pessoal de Hitler, mas por pouco tempo. Ele retornou aos combates, na Frente Oriental, em agosto de 1943.

Em março do ano seguinte, Günsche voltou a assessorar Hitler. Ele estava presente no atentado de julho de 1944, em Rastenburg, ocasião em que sofreu ferimentos leves. No final da Segunda Guerra Mundial, já com o posto de SS-Sturmbannführer — equivalente a major do Exército —, acompanhou Hitler a Berlim. Era um dos cerca de oitenta comandos de proteção do Führer presentes no perímetro da Chancelaria. A última tropa de defesa do ditador contava ainda com outros oitocentos soldados, entrincheirados no quarteirão administrativo, sendo setecentos da LSSAH.

Depois do suicídio de Hitler, foi o primeiro a anunciar aos outros integrantes do Führerbunker: "O Führer está morto!" Encarregados de dar fim aos corpos do chefe e de Eva Braun antes que pudessem cair nas mãos das "bestas do Leste", Günsche e Linge foram auxiliados por Kempka e outros três guardas da SS. Bormann, Goebbels e alguns oficiais do Alto-Comando da Wehrmacht também estavam presentes. Os cadáveres foram levados para fora do abrigo, encharcados de gasolina e incendiados. Entretanto, ninguém permaneceu no local para atestar a destruição total dos restos mortais de Hitler. Os guardas Hermann Karnau e Erich

Mansfeld, além do oficial Ewald Lindloff, garantiram depois a Günsche e a seus interrogadores que não restara mais nada dos corpos, o que mais tarde acabou não se comprovando.

Depois da fuga do bunker, Günsche foi feito prisioneiro pelos soviéticos e levado a Moscou, onde seria interrogado junto com Linge — e como "fascista convicto", dotado de "opiniões antissoviéticas", foi condenado a 25 anos de prisão. Permaneceria na União Soviética até 1955, causando constantes transtornos aos seus captores.[10] Ele odiava o comunismo e se mantinha fiel ao nacional-socialismo. Naquele ano, foi transferido para a prisão de Bautzen, na então Alemanha Oriental.

Libertado em maio do ano seguinte, Günsche encontrou trabalho em uma seguradora em Hamburgo e, mais tarde, na Rowa, uma empresa farmacêutica em Bergisch Gladbach, na Alemanha Ocidental. Como a primeira esposa morrera durante seu cativeiro, ele se casou novamente em 1959. Testemunhou no caso dos diários falsos de Hitler, publicados pela revista *Stern* em 1983, mas pouco se expôs à mídia durante vários anos. Morreu em Lohmar, aos 86 anos. Ainda mantinha uma foto de Hitler pendurada na parede de casa.

4
OS HOMENS DO HOLOCAUSTO

Depois de uma década pregando ódio aos judeus, tão logo assumiu o controle político, em 1933, Hitler deu início ao que chamou de "desjudaização da Alemanha". Desde o começo, o governo nazista patrocinou o boicote nacional aos comerciantes judeus e promoveu o expurgo de qualquer pessoa com origem judaica do serviço público. Também autorizou a esterilização compulsória de cegos, surdos e pessoas com deficiência física e mental. Eram os primeiros passos dados na caminhada que levaria ao Holocausto (ou Shoá, como é conhecido entre os judeus). Em 1935, durante o congresso anual do Partido Nazista, na Baviera, Hitler promulgou as "Leis de Nuremberg", um conjunto de diretrizes raciais e antissemitas. Elas privavam o judeu da cidadania alemã e proibiam o casamento com alemães, a "raça pura e superior", conforme a doutrina nazista. Outras leis que "protegiam" o sangue alemão da contaminação por judeus ou portadores de doenças hereditárias e infecciosas também foram regulamentadas. Dois anos depois, deu-se início ao projeto de emigração forçada dos judeus alemães, o que seria repetido algum tempo depois com os judeus austríacos.

Com a Segunda Guerra e a ocupação de territórios do Leste Europeu, a deportação já não era suficiente para o projeto nazista, e Hitler achou que havia chegado a hora de medidas mais drásticas para "limpar" a vasta região onde seriam assentados os colonos alemães. Com o início da Operação Barbarossa, a Solução Final começou a ganhar forma. Como deportar e assassinar a tiros tornara-se um método moroso e insuficiente, além de traumatizante para os soldados envolvidos, era preciso eliminar os judeus de maneira mais rápida e eficiente. Eles seriam deportados para o Leste e usados no trabalho escravo ou eliminados nas câmaras de gás.

Entre 1941 e 1942, os nazistas desenvolveram o complexo sistema de campos de extermínio. Depois que testes comprovaram a eficácia do Zyklon B no gaseamento dos prisioneiros em Auschwitz, na Polônia ocupada, o gás obtido por meio de ácido cianídrico passou a ser utilizado em outros "campos da morte". Tido como campo-modelo, Auschwitz-Birkenau criou um método eficaz de matar e eliminar seres humanos. Tudo foi sistematicamente planejado: desde a seleção das vítimas nas rampas de acesso, após a chegada dos prisioneiros; passando pelas câmaras de gás, onde eram mortos; até os crematórios, onde os corpos eram incinerados. Em meados de 1942, o objetivo da SS era assassinar 10 mil pessoas por dia. Até a libertação por tropas soviéticas, três anos depois, estima-se que pelo menos 1,1 milhão de pessoas (cerca de 960 mil judeus) tenham sido assassinadas no maior campo de extermínio da Europa. Auschwitz, porém, era apenas uma parte do gigantesco sistema de campos de concentração (os KZs); ao todo, eram mais de mil espalhados pelo continente, divididos entre campos de prisioneiros, de trabalho escravo ou de extermínio. Somente as fábricas da morte (Auschwitz-Birkenau, Bełżec, Chełmno, Majdanek, Sobibor e Treblinka) em território polonês assassinaram mais de 3 milhões de pessoas.

Os números totais, porém, são muito maiores. Cerca de 6 milhões de judeus morreram durante a Segunda Guerra, além de meio milhão de ciganos, milhões de prisioneiros soviéticos e milhares de dissidentes políticos, homossexuais, maçons, testemunhas de Jeová e demais religiosos. Quase 20 milhões de pessoas estiveram presas ou morreram em guetos ou nos campos de concentração nazistas. Parte da culpa pelo maior genocídio da história humana recai sobre os ombros de homens como Alfred Rosenberg, Julius Streicher, Heinrich Himmler, Reinhard Heydrich, Adolf Eichmann e Rudolf Höss.

15. Um trem com judeus húngaros chega ao campo de Auschwitz-Birkenau, em 1944. A seleção decidirá o destino dos recém-chegados: trabalho escravo ou morte nas câmaras de gás.

ALFRED ROSENBERG (1893-1946)
O "filósofo"

Filho de um rico comerciante alemão e uma estoniana, Alfred Rosenberg nasceu em Reval, à época no Império Russo, hoje Tallin, capital da Estônia. Embora pertencesse a uma família alemã, o sobrenome com etimologia típica das famílias judias lhe causava embaraços: um alemão antissemita com sobrenome judeu. Órfão na adolescência, Rosenberg estudou engenharia em Riga e depois em São Petersburgo. Era um ávido leitor de livros sobre mitologia germânica e indiana e dos filósofos alemães Immanuel Kant e Arthur Schopenhauer; por isso, ganhou a alcunha de "filósofo". Na Rússia ele conheceu Hilda Leesmann, com quem se casou em 1915 e se divorciou oito anos depois, sem deixar filhos. Ele voltaria a se casar, em 1925, com Hedwig Kramer, com quem teve dois filhos. Fez seus estudos de arquitetura e exames finais em Moscou, enquanto a Revolução Bolchevique derrubava o tsar. Retornou a Reval e realizou seu primeiro discurso antissemita em uma reunião da "Fraternidade dos Cabeças Pretas". Em 1918, chegou à Alemanha determinado a vender seus artigos sobre a revolução de Lênin e os males que o judaísmo e o marxismo causavam na Rússia. Conseguiu contato com Dietrich Eckart, jornalista e antissemita notório, um dos fundadores do Partido Nazista, que o apresentou a Hitler. Mais tarde, ele lembraria sua impressão sobre o significado do encontro: "Mudou o meu destino pessoal e o fundiu ao destino da nação alemã como um todo."[1]

Rosenberg foi um escritor extraordinariamente prolífero. Passava horas estudando a história alemã, supervisionando o jornal antissemita pseudoacadêmico *Der Weltkampf* [A luta mundial] e a *Nationalsozialistische Monatshefte* [Revista mensal Nacional-Socialista]. Como editor do *Völkischer Beobachter* entre 1923 e 1938, usou o jornal para disseminar e tornar popular a crença nazista na superioridade da "raça ariana" e a necessidade de um "espaço vital" para o povo alemão, "denunciando" a fé judaica como "uma máscara para lograr o saqueio moral e econômico". As teorias radicalmente antissemitas dos primeiros artigos e de uma série de livros de Rosenberg, publicados entre 1920 e 1927, marcaram profundamente o programa do Partido Nazista e as ideias racistas de Hitler — elas aparecem expressas em *Mein Kampf*. Otto Strasser, um dissidente do nazismo, afirmou certa vez que Rosenberg era "o cérebro por trás de Adolf Hitler".[2] Mesmo que comprovadamente falso, o texto "Os protocolos dos sábios de Sião" — suposto relatório de uma reunião secreta de líderes judeus que planejavam dominar o mundo articulando guerras e revoluções, o controle da economia e a disseminação do ateísmo — serviu para que Rosenberg escrevesse sua visão dos fatos, "revelando" o plano judeu e a necessidade de impedi-lo. A obsessão do ditador nazista em destruir a União Soviética vinha, também, da ideia de que o bolchevismo era parte de uma conspiração judaica internacional que tinha de ser detida a qualquer custo, antes que destruísse o mundo germânico.

Em 1930, Rosenberg foi eleito para o Reichstag e publicou *O mito do século XX*, obra que até 1942 venderia mais de 1 milhão de exemplares. Nele, o "filósofo" de Hitler defendeu a penalização da "profanação racial", o que, posteriormente, quando os nazistas tomaram o poder, tornou-se lei: os alemães "puros" não poderiam "infectar" seu sangue casando-se com judeus. Mesmo escrito em um estilo truncado, obscuro e esotérico, quase incompreensível em muitas passagens (Goebbels o definiu como um "arroto ideológico", e mesmo Hitler o achara "obtuso demais"), o livro transformou-se em uma espécie de manual, fonte de citações e definidor de conceitos apropriados ao programa nacional-socialista.

Além de todas as publicações, Rosenberg manteve um diário entre 1934 e 1944. Poucos nazistas deixaram seus atos e pensamentos registrados dessa forma. Na verdade, apenas Joseph Goebbels e Hans Frank fizeram o mesmo. Nenhum dos dois, porém, se deteve tanto em questões políticas e raciais, posicionamentos e opiniões sobre os mais diversos líderes nazistas quanto Rosenberg — ele chamou Goebbels de "produtor de purulências" e Joachim von Ribbentrop de arrogante e "pessoa realmente burra".[3] Não há quase nada sobre nenhum outro assunto que não a diplomacia internacional, a Questão Judaica e a guerra, calúnias, autocomiseração e crueldade.

Em 1934, Hitler encarregou Rosenberg da formação e educação ideológica do Partido Nazista — o "Escritório Rosenberg". Dentro do conceito nazista para questões "judaico-bolcheviques", o "filósofo" seria a principal referência e o consultor especial do líder nazista, mas nunca atuaria de forma direta na política externa. Somente após a invasão da União Soviética, Rosenberg foi nomeado ministro do Reich para os Territórios Orientais Ocupados. A política de ocupação adotada nos países do Leste Europeu foi a de guerra de extermínio, e os nazistas cometeram assassinatos em massa de judeus, comunistas e minorias étnicas. Em meio às atrocidades, ao completar cinquenta anos Rosenberg foi saudado por Hitler como um dos "mais eminentes intelectuais que deram forma ao partido" e "uma das manifestações humanas mais nobres".[4]

Em 1945, após a rendição incondicional da Alemanha, Rosenberg foi preso pelos Aliados. Mesmo encarcerado, continuou a escrever sobre a "grandeza" das ideias nazistas. Afirmou que as gerações no futuro teriam vergonha de os terem acusado de "criminosos por acalentar o mais nobre dos pensamentos". Aferrado até o final à causa de Hitler, escreveu: "Eu o venerava, e permaneço leal a ele até o fim."

Rosenberg não se retratou. Julgado e considerado culpado das quatro acusações principais levantadas em Nuremberg, foi enforcado com outros nove importantes líderes do Terceiro Reich.

16. O jornal antissemita *Der Stürmer*, publicado por Streicher.
A edição 29, de 1934, trazia um artigo intitulado "Quem é o inimigo?",
o qual culpava os judeus pela destruição da ordem social alemã.

JULIUS STREICHER (1885-1946)
O antissemita pornográfico

Enquanto Rosenberg fazia as vezes de intelectual, Julius Streicher era o típico fanfarrão. Baixinho, atarracado e de cabeça raspada, estava longe de ser o super-homem ariano da crença nazista. Professor primário como o pai, Streicher nasceu na vila bávara de Fleinhausen. Às vésperas da Primeira Guerra, casou-se com Kunigunde Roth, filha de um padeiro de Nuremberg. Eles teriam dois filhos. Quando a Primeira Guerra Mundial teve início, o bruto Streicher se destacou, recebeu a Cruz de Ferro e mesmo não pertencendo à aristocracia alcançou o posto de tenente. Desmobilizado com o fim do conflito, passou a integrar grupos antissemitas e anticomunistas. Dessa forma, foi uma questão de tempo para que ele entrasse para o Partido Nazista, o que fez em 1921.

Dois anos depois, Streicher fundou o jornal *Der Stürmer* [O agressor]. O periódico ilustrado logo ganharia fama e popularidade pelas caricaturas obscenas de judeus seduzindo ou estuprando donzelas alemães e cristãs, ou de rituais assassinos e macabros perpetrados por judeus. Streicher se gabava de que seu jornal era o único que Hitler lia da primeira à última página. Além da tradicional manchete "Os judeus são nossa desgraça", o jornal publicava constantemente listas de profissionais usando slogans como "evite médicos e advogados judeus". A partir de 1933, pregou abertamente a expulsão dos judeus de escolas, banhos e praças públicas, além de incitar violência e assassinato sem meias-palavras. Quando as Leis de Nuremberg foram promulgadas, dois anos depois, boa parte delas atendia às exigências que Streicher fazia no *Stürmer*. Em 1937, o jornal alcançou uma tiragem semanal de mais de meio milhão de exemplares.

Nesse meio-tempo, Streicher alcançara o posto de SA-Gruppenführer (o equivalente ao posto de tenente-general do Exército), se elegera para o Reichstag e fora nomeado Gauleiter da Francônia. Sua reputação, porém, era péssima até mesmo para os padrões da camarilha de Hitler: corrupto, sádico, adúltero e obsceno a tal ponto que passou a ser evitado pelo alto escalão do Partido Nazista. Acusado de estupro, de chicotear presos políticos e manter propriedades judaicas confiscadas, chegou a ridicularizar a masculinidade de Göring nas páginas de seu jornal, afirmando que o marechal era impotente e que sua filha fora fruto de inseminação artificial. Como vingança, o número 2 nazista levantou farto material sobre os negócios escusos e o comportamento imoral de Streicher. Em 1940, ele foi expulso do partido, mas Hitler permitiu que mantivesse o título de Gauleiter e continuasse à frente do *Stürmer*. Em 1943, sua esposa morreu e, antes do fim da Segunda Guerra Mundial, ele se casou com Adele Tappe, sua secretária.

Preso pelos Aliados na Áustria, foi levado a julgamento em Nuremberg. O teste de QI de Streicher, feito durante o interrogatório, constatou que ele tinha a média mais baixa entre os réus. Ele protestou contra os juízes afirmando que eram todos judeus. Condenado à morte por enforcamento por crimes contra a humanidade, Streicher alegou que a sentença era uma vitória do "judaísmo internacional". Caminhou para o cadafalso dizendo que os Aliados celebravam a "festa do Purim", evento no calendário judaico em que se comemora a vitória sobre Hamã, que tramara um plano para exterminar os hebreus, no antigo Império Persa.[5] Antes que o alçapão se abrisse, gritou a saudação nazista: "*Heil, Hitler*!"

HEINRICH HIMMLER (1900-45)
O líder da SS

Heinrich Himmler foi o homem mais temido do Terceiro Reich e um dos mais poderosos líderes nazistas. Seu poder e sua importância rivalizavam com os do marechal Göring. Hitler o chamava de "leal Heinrich". Filho de um mestre-escola, Himmler nasceu em Munique, onde o pai fora tutor do príncipe Henrique da Baviera, seu padrinho de batismo. A família era ardorosamente católica e pequeno-burguesa e Himmler tinha aspirações

17. Himmler inspeciona um campo de prisioneiros na Rússia, em 1941.

militares, tendo entrado como cadete no Décimo Primeiro Regimento de Infantaria Bávaro no último ano da Primeira Guerra. A derrota e a redução do Exército alemão o impediram de seguir a carreira militar, e ele se voltou para os estudos, ingressando no curso de Agricultura da Universidade de Munique. Enquanto estudava, manteve contato com diversos grupos nacionalistas e antissemitas. Foi nessa época que conheceu Ernst Röhm, um dos fundadores do Partido Nazista e líder das "Tropas de Assalto". Socialmente inseguro e frustrado com o trabalho em uma empresa de fertilizantes, Himmler entrou para os quadros do nacional-socialismo, participando do fracassado Putsch da Cervejaria, em 1923, como porta-estandarte de Röhm. Com a refundação do partido, em 1925 passou a assessorar Gregor Strasser, então chefe de Propaganda. Strasser, que, como Röhm, seria assassinado por ordens de Himmler na Noite das Facas Longas, o descreveu como alguém perspicaz, mas com aparência de um "rato desnutrido". Em pouco tempo, Himmler foi nomeado vice-líder da Propaganda, vice-Gauleiter da Alta Baviera-Suábia e vice-líder da SS, o "Esquadrão de Proteção" de Hitler. Ele achava que o líder nazista era uma das "figuras brilhantes" da história alemã e lhe devotava uma fé incondicional.

Nesse meio-tempo, Himmler conheceu Margarete Boden, uma enfermeira divorciada, sete anos mais velha do que ele, mas que correspondia ao ideal nazista: alta, loura e de olhos azuis. Compartilhava com ela ideias comuns, como antissemitismo, ocultismo e homeopatia. Em 1928, o então adepto da abstinência sexual se casa com "Marga". O casal terá uma única filha, Gudrun, a Püppi, "bonequinha", nascida no ano seguinte. Naquele mesmo ano, em 1929, Himmler foi nomeado Reichsführer-SS, líder da organização criada para dar proteção e cuja lealdade ao Führer era inigualável — o lema, gravado nos punhais e fivelas dos soldados, era "Nossa honra chama-se lealdade". A mais temível tropa de elite de Hitler, porém, ainda é subordinada à SA e tem nessa época não mais do que duas centenas de soldados. Himmler ainda mantém, com apoio da esposa, uma granja em Waldtrudering, próximo a Munique. A criação de galinhas só terminou em 1933, quando o casal voltou a morar na capital bávara, logo após o líder nazista ser indicado chanceler da Alemanha.

Nos seis anos seguintes, Himmler transformou a SS no mais eficiente instrumento a serviço de Hitler, tendo suplantado e derrubado a SA e alcançado poderes maiores do que o próprio Estado nazista. Nem Wilhelm Frick, ministro do Interior, nem Franz Günther, ministro da Justiça, podiam impedir o trabalho da SS. A partir de 1936, qualquer ordem emitida por Himmler tinha o mesmo poder legal de decretos ministeriais e somente ele poderia prender e julgar um membro da organização que tinha como símbolo a caveira da morte e as runas SS. E tudo sem publicidade alguma. Ao contrário de Göring, seu concorrente mais forte ao posto de número 2 do regime, Himmler preferia a discrição e o trabalho burocrático em vez de fanfarronices e demonstrações de grandeza. O Gauleiter de Hamburgo afirmou que Himmler era uma companhia "quase insuportável", sem atrativos e propenso a uma mesma "conversa fiada". Goebbels acreditava que, além de pouco sociável, ele não era "muito esperto". Às vésperas da Segunda Guerra, no entanto, a SS era a mais poderosa organização político-militar do Terceiro Reich, contando com mais de 200 mil membros e com seus escritórios ocupando 38 prédios em Berlim — em 1944, somente a Gestapo contava com algo entre 40 mil e 50 mil homens espalhados pela Europa.

Himmler sonhava em fazer da SS uma elite guerreira composta de "super-homens". Tinha obsessão por essa ideia e, para manter a "pureza racial" da organização, criou um departamento, o Gabinete Central para Raça e Reassentamento (RuSHA, na sigla em alemão), que tinha como finalidade pesquisar as origens e selecionar os membros da ordem dentro do padrão preestabelecido. Conforme os "peritos" de Himmler, o alemão autêntico devia ser "louro, alto, dolicocéfalo, rosto estreito, queixo bem-desenhado, nariz fino e bem alto, cabelos claros e não cacheados, olhos claros e fundos, pele de um branco rosado".[6] Nem o próprio Himmler, míope e fisicamente desalinhado, correspondia ao ideal que exigia de seus soldados — tampouco Hitler e a maioria da elite nazista. Para evitar que os seus "melhores espécimes" sujassem o puro sangue alemão, todo soldado da SS precisava de autorização especial para se casar. As noivas, tal como os próprios membros, tinham de provar ascendência alemã até pelo menos 1750. E a autorização matrimonial só vinha depois do preenchimento adequado de vinte itens de ordem fisionômica. Mais tarde, Himmler criou o Lebensborn, uma espécie de maternidade capaz de reproduzir crianças de acordo com as características exigidas.

Enquanto organizava a SS e o Holocausto, o Reichsführer-SS mantinha um caso com uma de suas secretárias, Hedwig Potthast. Depois de dois anos de relacionamento, em 1940, Himmler defendeu publicamente uma política de promoção de filhos ilegítimos. Até o fim da Segunda Guerra, Potthast teria dois filhos com ele.

Aficionado por misticismo, mesmerismo, terapias alternativas orientais, mitologia nórdica, cavaleiros teutônicos e história alemã medieval, Himmler acreditava piamente que era a reencarnação de Henrique, o Passarinheiro, rei germânico do século X, "o mais alemão de todos os governantes alemães", motivo pelo qual fazia uma peregrinação anual até a catedral de Quedlinburg para lhe render homenagens. No castelo de Wewelsburg, reconstituiu a corte do rei Artur e os cavaleiros da Távola Redonda, com os doze membros mais graduados da SS atuando em rituais complexos e recheados de simbologia confusa. Da mesma forma, criou uma "religião", em que evocava antigos mitos pagãos, abolindo o calendário e os rituais cristãos. Embora muitos do círculo nazista adotassem os novos "costumes", até mesmo Hitler declinou das maluquices religiosas de Himmler. Imaginando ser um guerreiro cruzado na luta contra infiéis, ele estava determinado a eliminar os judeus da Alemanha e da Europa. Em 1943, nos "Discursos de Posen", ele foi taxativo: estava trabalhando para "fazer este povo desaparecer da Terra".[7]

Não obstante fosse o autor de leis desumanas e ordens cruéis, e considerado "um homem sem nervos", Himmler, na verdade, era o oposto disso. Calmo, de gestos controlados e completamente inseguro e inexpressivo, sofria de doenças psicossomáticas, tinha enxaqueca e espasmos intestinais. Quase desmaiou diante da perspectiva de presenciar a execução de um grupo de judeus na Frente Oriental. Heinz Linge, o valete de Hitler, afirmou depois da guerra não saber que Himmler tivesse cometido "nenhum ato violento" contra quem quer que fosse, mas que sem parar para refletir deu "ordens para que outros executassem". Norbert Masur, um judeu alemão que serviu de intermediário entre o Congresso Judeu Mundial e Himmler em negociações pela libertação de prisioneiros dos campos de concentração, também lembrou que o comportamento do líder da SS era de uma frieza chocante: "Se eu não conhecesse seu passado, nunca acreditaria que esse homem foi o principal responsável pelos maiores assassinatos em massa na história." Para Masur, ele tinha o olhar errante e intenso, uma "expressão de sadismo e dureza". Ao falar sobre o destino dos alemães, Himmler disse a seu interlocutor, sem o menor constrangimento, que "a melhor parte será destruída conosco; o que acontecer com o resto é imaterial".[8]

Com a guerra prestes a acabar, Himmler não apenas negociou o resgate de judeus (para a Suécia e a Suíça), como também abriu conversas de paz com os Aliados por meio do conde Folke Bernadotte. Quando Hitler soube da traição, o expulsou do partido e ordenou sua captura e execução, mas seus desejos já não tinham validade. Himmler se juntou a Dönitz, em Flensburg, esperando assumir um cargo no novo governo, fosse alemão ou Aliado — ele acreditava que os inimigos ocidentais da Alemanha precisariam de sua SS para manter a ordem no país e lutar contra os soviéticos e que bastariam "apenas duas horas de conversa" com Dwight Eisenhower, o supremo comandante Aliado, para conseguir convencê-lo. Quando Hanna Reitsch o encontrou e questionou sobre sua traição ao Führer, o ex-Reichsführer-SS teria dito que "Hitler estava louco" e "deveria ter sido detido há muito tempo".[9]

Descartado por Dönitz, que ordenou a rendição incondicional da Alemanha, Himmler fugiu disfarçado de sargento, mas foi detido em um posto de controle inglês e levado ao acampamento de Lüneberg, onde ingeriu uma cápsula de cianeto de potássio antes que pudesse ser interrogado. A esposa e a filha foram presas no Tirol, levadas para a Itália e depois a Nuremberg, onde Magda negou ter conhecimento das atrocidades da SS e dos campos de extermínio. A esposa de Himmler morreu em 1967. A filha, Gudrun, faleceu em 2018, tendo passado quase toda a vida promovendo e liderando atividades neonazistas. Potthast foi classificada pelos Aliados como o "estereótipo da mulher nazista" e manteve o anonimato, assim como os dois filhos, até sua morte, em 1994.[10]

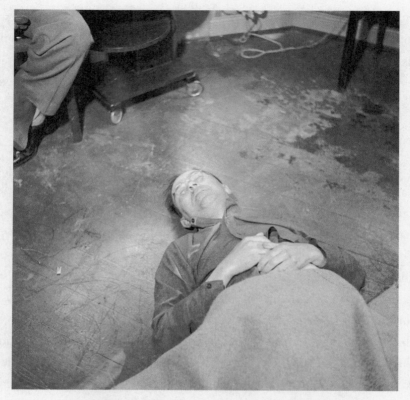

18. O corpo de Himmler no quartel-general do Exército britânico. O líder da SS cometeu suicídio logo após cair prisioneiro nas mãos dos Aliados.

REINHARD HEYDRICH (1904-42)
O "homem do coração de ferro"

Como chefe do Gabinete Central de Segurança do Reich (RSHA), Reinhard Heydrich foi um dos personagens centrais do Holocausto, o verdadeiro engenheiro da Solução Final e o homem mais poderoso do Terceiro Reich depois do próprio Führer e de Himmler. O célebre romancista alemão Thomas Mann o alcunhou de "carrasco de Hitler" e os tchecos o chamavam de "o açougueiro de Praga". Hitler o chamou de "o homem do coração de ferro".

Filho e neto de músicos, Heydrich nasceu na pequena Halle, às margens do rio Saale, onde o pai criara um respeitado conservatório. A Primeira Guerra e a crise econômica pós-guerra arruinaram as finanças da família e Heydrich não viu futuro na música. Em 1922, entrou para a Marinha, onde conheceu Wilhelm Canaris, futuro chefe da Abwehr e um dos líderes da resistência ao nazismo. Naquela época, porém, os dois eram muito próximos e constantemente participavam de saraus musicais.

Em pouco tempo, Heydrich subiu na carreira. Em 1928 foi promovido a primeiro-tenente e designado para a divisão de comunicações da Estação Naval do Báltico. Dois anos depois, conheceu a futura esposa. Lina von Osten descendia de nobres dinamarqueses e era uma nazista convicta. Mais tarde, revelaria que Heydrich nunca tinha ouvido falar de *Mein Kampf* e com frequência fazia piadas sobre o líder nazista, "o cabo boêmio" ou o "coxo" líder da propaganda do Partido Nazista. Apolítico, apaixonou-se pela jovem decidida e inteligente. Ficaram noivos em uma semana. Heydrich, no entanto, vinha mantendo um caso com a filha de um influente militar, que apresentou queixa contra ele ao chefe do Estado-Maior tão logo soube do noivado. Convocado a um tribunal militar, ele rejeitou arrogantemente a acusação, alegando que fora a própria moça quem iniciara o relacionamento sexual. O almirante Erich Raeder, então, decidiu que Heydrich não era digno de envergar o uniforme de oficial alemão e o expulsou da Marinha.

Desempregado e sob influência da noiva, Heydrich entrou para o Partido Nazista em 1931. Ainda receoso, só aceitou porque um velho amigo da família, Karl Eberstein, nazista desde o começo dos anos 1920, já alcançara um elevado posto dentro da SA. Eberstein o indicara a Himmler, realçando as qualidades de Heydrich como um perito em espionagem. Temeroso de que adversários políticos pagassem a espiões para se infiltrar no partido, Himmler estava interessado em criar um mecanismo capaz de lidar com essa possibilidade.

Heydrich era o típico alemão "ariano", idealizado pelo Reichsführer-SS: louro de olhos azuis, alto e esbelto, esportista, campeão de esgrima e esquiador, excelente cavaleiro, intelectualmente brilhante e notável violinista. Walter Schellenberg, chefe da Abwehr nos meses finais da guerra, descreveu a "besta loura" assim: Heydrich tinha "fronte larga e alta, olhos pequenos, irrequietos, tão matreiros como os de um animal, e de poder fantástico [...] tinha notável percepção das fraquezas morais, humanas, profissionais e políticas dos outros". Himmler definiu o colaborador como "um espírito decidido", com um "estilo de vida saudável, simples e disciplinado", alguém que serviria de "inspiração para as gerações futuras".[11] Ganancioso, frio, calculista e extremamente desconfiado, Heydrich era um excelente e implacável burocrata, sem nenhum escrúpulo, que servia muito bem aos propósitos do chefe da Guarda Negra. A eficiência dele na administração da SS ajudou Himmler a eliminar por completo, em menos de seis anos, qualquer oposição organizada ao regime de Hitler na Alemanha. Conseguiram pôr fora de combate políticos influentes, encarcerados, forçados à emigração ou eliminados, a maioria da população judaica, além de ciganos, comunistas, deficientes mentais, testemunhas de Jeová e maçons.

Para os nazistas, porém, era necessário se preparar para a guerra que se aproximava. Em 1939, o Gabinete Central de Segurança do Reich foi criado tendo como base a Polícia de Segurança e o Serviço de Informações. Essa enorme organização, com cerca de 3 mil funcionários, era dividida em sete departamentos, cada qual com responsabilidades próprias, que iam da organização de pessoal até a espionagem interna e externa, passando pela Gestapo, a Polícia Criminal e organização da avaliação e pesquisa ideológica. Esses escritórios estavam espalhados por toda Berlim, mas os principais ficavam no palácio Prinz-Albrecht, na Wilhelmstrasse, 101, também endereço do escritório de Heydrich, e na Prinz-Albrecht-Strasse, 8, onde ficava a central da Gestapo. Às vésperas da invasão da União Soviética, já como SS-Obergruppenführer — patente equivalente à de general no Exército —, Heydrich aumentou o número de repartições por departamento, em uma intrincada rede organizacional que atingia todos os setores da sociedade alemã e dos países ocupados pela Alemanha. A guerra no Leste

Europeu não seria como a guerra no Ocidente. As ordens eram expressas: forças-tarefa da SS seguiriam de perto a Wehrmacht, devendo eliminar membros da polícia secreta russa e comissários políticos imediatamente.

Em 31 de julho de 1941, Reinhard Heydrich recebeu ordens de Hermann Göring para encontrar meios e preparar uma "Solução Final para a Questão Judaica". A missiva ordenava, ainda, que o líder do Gabinete Central de Segurança do Reich deveria entregar, o mais rápido possível, um plano geral com as medidas necessárias. Em 20 de janeiro de 1942, com a Alemanha ocupando praticamente todo o território europeu, Heydrich reuniu em um antigo palacete às margens do lago Wannsee, no subúrbio de Berlim, duas dezenas de veteranos da burocracia nazista, funcionários do partido e oficiais de alta patente da SS e delineou os caminhos para a Solução Final. Heydrich estimou que 11 milhões seriam deportados para o Leste e usados no trabalho escravo; a Europa seria "purificada dos judeus". Na indústria, eles seriam "eliminados por causas naturais": exaustão e fome. Os "elementos resistentes" a essa ação deveriam receber "tratamento especial": as câmaras de gás.[12] Ele considerou a reunião um sucesso, relatou a Himmler os fatos e retornou para a antiga capital tcheca, onde era o dirigente máximo do Protetorado da Boêmia e Morávia, o antigo território da Tchecoslováquia ocupado pelos nazistas em 1939 e, desde então, parte da Grande Alemanha. Ao assumir o posto no castelo de Praga, em 1941, Heydrich declarara aos jornalistas que o judaísmo representava "um perigo racial e espiritual para os povos". Radicalizou os programas contra judeus e ciganos, que foram obrigados a usar a estrela amarela e o "Z" (de *zigeuner*, cigano) como identificação. Mais de 5 mil foram presos e deportados nas primeiras semanas de seu governo.

Em 27 de maio de 1942, membros da resistência tcheca, com o auxílio do Serviço de Operações Especiais britânico, atiraram bombas no carro de Heydrich, um Mercedes conversível não blindado, enquanto ele se dirigia para seu escritório, em Praga. Levado para o hospital, o chefe da RSHA morreu aos 38 anos, de septicemia, poucos dias depois. Thomas Mann falou à BBC que era "a morte mais natural que um cão de caça pode sofrer".[13]

19. Himmler e Heydrich em Viena, 1938. Os dois principais organizadores da Solução Final.

Em represália, a SS assassinou toda a população da aldeia de Lídice (cerca de quinhentas pessoas), e pelo menos 4 mil tchecos foram presos (1.357 foram condenados à morte). A Solução Final, organizada metodicamente por Heydrich, no entanto, só teria fim três anos depois, com a derrota nazista. Décadas depois da guerra, porém, a esposa ainda cultuava o marido, acreditando que ele fora "vítima das circunstâncias históricas". Aposentada como viúva de um general, Lina escreveu o livro de memórias *Leben mit einem Kriegsverbrecher* [A vida com um criminoso de guerra]. Ela morreu em 1985. O casal teve quatro filhos, nascidos entre 1933 e 1942. O mais velho morreu em um acidente aéreo apenas um ano após a morte do pai.

ADOLF EICHMANN (1906-62)
O burocrata

Adolf Eichmann foi o responsável por implementar a Solução Final, imaginada por Hitler e organizada por Himmler e Heydrich. Nascido na Alemanha, em uma família protestante de classe média, Eichmann passou a juventude em Linz, na Áustria. Sem conseguir concluir os estudos de engenharia, passou algum tempo trabalhando em uma pequena empresa de mineração e como vendedor em uma firma de instalação elétrica. Entre 1927 e 1933, atuou como caixeiro-viajante.

Por convite de Ernst Kaltenbrunner, então advogado, conhecido da família e futuro substituto de Heydrich no RSHA, entrou para o Partido Nazista e para a SS em 1932. Dois anos depois, ingressou no Serviço de Informações da SS, o SD, onde se tornou "especialista" em assuntos judaicos. Estudou hebraico e iídiche, embora nunca tenha sido fluente, como gostava de se gabar, e visitou a Palestina, como parte dos planos de emigração forçada dos judeus alemães. Enviado a Viena pela Gestapo, Eichmann ganhou experiência no Gabinete Central para a Emigração Judaica. Em um ano e meio conseguiu que 135 mil judeus deixassem a Áustria, espoliados de joias, dinheiro e outros bens. O mesmo foi feito na Tchecoslováquia.

Com a Segunda Guerra, deu início a um processo de deportação em massa na Polônia. Em 1941, já como SS-Obersturmbannführer, patente correspondente à de tenente-coronel no Exército, visitou Auschwitz e, no ano seguinte, em Wannsee, consolidou sua posição de "especialista em judeus" do RSHA. Foi incumbido por Heydrich, então, de implementar o plano de extermínio de judeus, ciganos e outros indesejáveis, segundo a ideologia nazista.

Embora declarasse mais tarde que não era antissemita nem tinha nada pessoalmente contra os judeus, ficou obcecado com o trabalho, com os números e as cotas dos campos de concentração e de extermínio. "Eu era apenas politicamente contra os judeus", declarou. Ambicioso, inescrupuloso e astuto, Eichmann removeu obstáculos e planejou, sistematizou e burocratizou todo o complexo sistema criado para a Solução Final — deportações em proporções continentais e o assassinato em escala industrial. Criticou a ineficiência de comandantes alemães e a falta de colaboração de franceses e italianos. Não parou com os trens da morte nem mesmo quando Himmler percebeu que a Alemanha não venceria a guerra e ordenou a evacuação de muitos campos. Como Reichsführer-SS, porém, ele tentou negociar o resgate de judeus. Em 1944, garantiu a um influente judeu de Budapeste que estaria disposto a libertar 1 milhão de judeus desde que recompensado com uma quantia apropriada de bens (e não dinheiro).

Preso pelos norte-americanos em 1945, Eichmann conseguiu escapar várias vezes, permanecendo na Alemanha até 1950, quando alcançou a Argentina por meio de uma rota de fuga organizada pelo bispo austríaco Alois Hudal. A esposa, Veronika Liebl, com quem se casara em 1935, chegou ao país sul-americano dois anos depois, com os três filhos do casal (que teria outro filho em 1955). Com um pseudônimo, Eichmann teve vários empregos até ser contratado como técnico eletricista em uma fábrica da Mercedes-Benz, em Buenos Aires.

Em 1960, o Instituto de Inteligência e Operações Especiais israelense o encontrou. Em uma operação ousada, ele foi capturado pelo Mossad e levado para Israel, onde seria julgado. Os psiquiatras que o entrevistaram descreveram Eichmann como "um homem obcecado, com um perigoso e insaciável impulso de matar", "uma personalidade pervertida e sádica". Ele nunca negou seu papel no Holocausto, mas afirmou ser "inocente" de todas as acusações. Alegou não ter arrependimento, que sua culpa provinha da obediência, o que era uma virtude, e sustentou que não cometera assassinato — no máximo, poderia ser acusado de "ajudar e assistir" ao extermínio de judeus. Concordou, porém, com o enforcamento público, "como exemplo para os outros antissemitas".[14] Antes da execução, na prisão de Ramla, pediu uma garrafa de vinho e bebeu a metade. Recusou a ajuda do pastor e do capuz preto. Morreu com a mesma frieza com que enviou milhões às câmaras de gás.

20. Adolf Eichmann em 1942, "especialista em judeus" do RSHA.

HANS FRANK (1900-46)
O "rei da Polônia"

Filho de um advogado, Hans Frank estudou economia e direito em Munique e Kiel e obteve o diploma aos 24 anos. Chegou a servir no Exército alemão durante a Primeira Guerra, mas sem expressão. No pós-guerra integrou o Freikorps von Epp, onde também serviram Hess, Röhm e os irmãos Strasser. Frank entrou para o Partido Nazista em 1923, passando a atuar tanto como advogado da organização quanto de Hitler. No final dos anos 1920, foi nomeado chefe do escritório jurídico do NSDAP. Nessa mesma época, casou-se com Brigitte Herbst, com quem teria cinco filhos nascidos entre 1927 e 1939. Extravagante e dominadora, posteriormente, durante a Segunda Guerra, ela se autodenominaria "rainha da Polônia". Infeliz no casamento, seria amante, entre outros, do dr. Karl Lasch, governador da Galícia, morto pela Gestapo. Herbst nunca escondeu que praticava abortos quando não tinha certeza de que Frank era o pai.

Mesmo sendo assessor jurídico pessoal do Führer, Frank nunca fez parte do círculo mais próximo do ditador. Hitler nutria ódio a advogados e juristas. Ainda assim, após a tomada do poder, em 1933, foi recompensado por sua lealdade ao partido com uma série de altos cargos. Entre eles, o de ministro da Justiça da Baviera e do Reich, Reichsleiter e ministro sem pasta. Frank também criou e foi presidente da Associação Nacional-Socialista de Juristas Alemães.

Ambicioso, inteligente, vaidoso, histriônico e extremamente corrupto, quando a Alemanha conquistou a Polônia e instalou um sistema de ocupação (e exploração), Frank foi nomeado governador-geral, transformando o antigo território polonês no que ficou conhecido como "Frankreich", o Reich de Frank. Ele tinha uma ideia diferente de Himmler para o governo-geral. Enquanto o chefe da SS, que instalara ali os campos de extermínio, esperava "limpar" a região da "escória polonesa" para o assentamento de alemães, Frank acreditava poder governar com apoio dos poloneses, ainda que como escravizados, transformando a Polônia numa "colônia-modelo". Eles só concordavam em uma coisa: a eliminação da população judaica. Frank, que legalmente era o administrador da área em que estavam quatro campos de extermínio (Bełżec, Majdanek, Sobibor e Treblinka), afirmou certa vez que era um "prazer ser capaz, enfim, de lidar com a raça judaica fisicamente. Quantos mais morrerem, melhor". A disputa de poder e as atribulações entre os dois, porém, nunca foram plenamente resolvidas — cada um explorava o território conforme vontade própria.[15]

Inescrupuloso, Frank mantinha armazéns cheios de café, chocolate e diversos artigos de luxo. Seus agentes e a própria esposa faziam visitas constantes ao gueto de Varsóvia, negociando casacos de pele, joias e objetos de ouro. Comboios regulares levavam ovos, aves, frutas secas, óleo de cozinha, derivados de leite e bebida até a propriedade da família na Alemanha. Ele também se envolveu com o roubo de obras de arte, pinturas e mobília cara, além de manter uma amante polonesa, possivelmente judia. Enquanto milhões eram enviados para os campos de concentração e extermínio, Frank atuava como mecenas de artistas, cantores, escritores e arquitetos, fazendo do castelo de Wawel, a residência do governador-geral, em Cracóvia, "um oásis onde ninguém percebe a guerra".

O reinado do "rei da Polônia", no entanto, ruiu com a chegada dos soviéticos. Em janeiro de 1945, ele transferiu para sua casa na Baviera objetos de valor, como quadros de Da Vinci, Dürer, Cranach e Rembrandt, e continuou a levar uma vida normal, sem ser importunado, até o fim da guerra. Quando afinal foi preso pelos norte-americanos, no começo de maio, levava consigo 42 volumes de diários, que ele tinha certeza o salvariam da execução — além dele, somente Goebbels e Rosenberg deixaram diários.

Levado a julgamento em Nuremberg, assim como o líder da Juventude Hitlerista, Baldur von Schirach, e Albert Speer, Frank também denunciou Hitler e, como o arquiteto, afirmou sentir remorso pelas atrocidades cometidas. Foi ele também quem trouxe à tona a história de que o pai de Hitler seria filho de um judeu, em cuja casa a avó trabalhara como doméstica.

Condenado à morte por enforcamento, por ter cometido crimes de guerra e contra a humanidade, Frank foi executado com outros nove líderes nazistas. A esposa passou por um processo de desnazificação, sendo solta em 1947 — "Foram minhas melhores férias", declarou, irônica. Antes de morrer, em 1959, ela publicou o livro de memórias escrito pelo marido enquanto esteve preso, *Im Angesicht des Galgens* [Diante da forca]. Os filhos tiveram vida curta — estavam todos mortos no começo dos anos 1990. O único ainda vivo, o caçula Niklas, escreveu livros e participou de documentários nos quais acusava o pai pelo ocorrido durante a Segunda Guerra Mundial e a mãe pela falta de remorso diante das atrocidades (ele chegou a tentar matá-la).

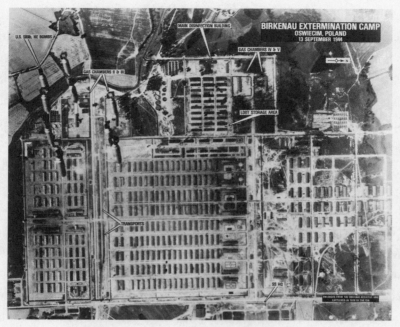
21. Vista aérea do campo de extermínio de Auschwitz-Birkenau, na Polônia.

RUDOLF HÖSS (1901-47)
O comandante de Auschwitz

Nascido no seio de uma família católica, o pai de Rudolf Höss, lojista em Baden-Baden, queria que o filho estudasse para ser padre. O jovem, porém, tinha outras coisas em mente. Antes mesmo de ter idade, em meio à Primeira Guerra, Höss entrou para as Forças Armadas falsificando o ano de seu nascimento. Condecorado com a Cruz de Ferro de Primeira Classe por bravura na Frente Turca, aos dezessete anos se tornou o mais jovem suboficial do Exército alemão. Com o fim do conflito, integrou o Freikorps Rossbach, o mesmo em que serviu Martin Bormann, o fiel secretário de Hitler, participando de confrontos no Báltico, na Silésia e no Ruhr. Em 1922, ingressou no Partido Nazista, mas no ano seguinte se envolveu, junto com Bormann, em um assassinato político. Höss foi condenado a dez anos de prisão, mas cumpriu apenas parte da pena, sendo anistiado em 1928. Nos anos seguintes, envolveu-se com o grupo nacionalista Artaman, que, entre outras coisas, pregava o amor ao solo alemão. Trabalhando como agricultor em fazendas na Pomerânia e em Brandemburgo, Höss conheceu a futura esposa, Hedwig Hensel, com quem se casaria em 1929, tendo com ela cinco filhos nascidos entre 1930 e 1943.

Em 1934, Himmler o convidou a ingressar na SS, e Höss foi enviado para o campo de concentração de Dachau, próximo a Munique, integrando a SS-Totenkopfverbände, as unidades responsáveis pelos campos de concentração, como superintendente de bloco. (Dachau foi o primeiro campo de concentração construído na Alemanha, em 1933, e também local em que seriam cremados os corpos dos principais líderes nazistas enforcados em Nuremberg treze anos depois.) Depois de quatro anos de serviço, Höss foi transferido para Sachsenhausen, em Brandemburgo, e promovido a capitão da SS. Em maio de 1940 assumiu o campo de Auschwitz, na Polônia ocupada. Como SS-Obersturmbannführer, o equivalente a tenente-coronel, comandaria o maior campo de extermínio nazista por três anos e meio, até o final de 1943.

Assim como Eichmann, Höss era o típico burocrata nazista, frio e desapaixonado. Nunca compareceu às seleções para as câmaras de gás ou execuções em massa. Introvertido e amante de animais, era um perfeccionista orgulhoso de seu "trabalho". E, tal como Eichmann, suas maiores preocupações eram a eficiência, os números e o cumprimento de ordens — mais relevantes do que qualquer sofrimento humano. "Pela educação que recebemos", afirmou depois da guerra, "o pensamento de recusar uma ordem simplesmente não passava pela cabeça de ninguém, independentemente de qual fosse a ordem". Ele escreveu que uma mulher a caminho da execução nas câmaras de gás teria lhe questionado a "falta de coração" ao assassinar crianças "bonitas e encantadoras"; Höss afirmou que essas coisas o comoviam, mas não o impediam de cumprir seu compromisso com a Solução Final.[16]

No estágio inicial, explicou Höss, a ordem era usar o trabalho escravo como mão de obra na indústria de armamentos ou para a economia de guerra — "trabalhar até o limite extremo de suas forças" era a ordem de Himmler. Auschwitz mantinha escravizados trabalhando para a IG Farben; Dachau, para a BMW; Buchenwald, para a Krupp; Oranienburg, para a Heinkel; e Sachsenhausen, para a Daimler-Benz. A Volkswagen e a Porsche também se utilizavam de escravizados — em 1942, a SS mantinha 25 mil trabalhadores escravizados encarcerados em campos de concentração. Dois anos depois eram mais de 400 mil.

Somente após a Operação Barbarossa é que teve início a organização sistemática dos assassinatos em massa. Höss não estava em Auschwitz quando os testes com o Zyklon B foram realizados em prisioneiros soviéticos, em agosto de 1941 — o campo estava sob o comando de seu vice, Karl Fritzsch. Em setembro, porém, quando os testes foram repetidos, lá estava Höss. Comprovada a eficácia do ácido cianídrico, ele determinou a construção de um espaço específico para o extermínio e ficou orgulhoso por ter encontrado um meio de matar de forma "mais racional".

Mais tarde, durante seu julgamento, interrogado sobre os métodos utilizados em Auschwitz, ele não se eximiu de contar detalhes. Afirmou que as vítimas morriam entre três e quinze minutos. "Sabíamos quando estavam mortos porque paravam de gritar", disse ele, "e esperávamos cerca de meia hora para abrir as portas e retirar os cadáveres, quando então nossos comandos especiais tiravam dos corpos os anéis e extraíam os dentes de ouro." Relatou que a maioria dos prisioneiros não sabia que seria executada; era um procedimento adotado para que as vítimas permanecessem em dúvida.[17] Em Auschwitz, eram levadas a pensar que passariam por um processo de eliminação de piolhos ou higienização, com inscrições do tipo "banho de chuveiro" pintadas nas portas e paredes. Em Treblinka, quase sempre não havia dúvida: todos sabiam que seriam executados. Questionado se se compadecia das vítimas pensando na própria família, Höss afirmou que sim e que "a despeito de todas as dúvidas" tinha um único "argumento decisivo": a ordem e a razão de Himmler. "Só o álcool era capaz de me pôr um pouco mais feliz e satisfeito", observou. Ao psicólogo norte-americano que o acompanhou, revelou que era "totalmente normal" e "autossuficiente", tinha uma vida "familiar normal", mas jamais teve "amigos ou relação íntima com alguém, mesmo na juventude".[18]

Ao deixar o campo de Auschwitz (provavelmente por corrupção), foi enviado para o escritório central da SS em Berlim como responsável pela fiscalização geral dos campos. A família permaneceu em Auschwitz, para onde Höss voltaria em meados de 1944. Quase no final da guerra, foi designado para o campo de Bergen-Belsen, tendo ainda sido o responsável pela evacuação de Sachsenhausen e Ravensbrück.

Preso pelos britânicos em 1946, Höss serviu como testemunha em Nuremberg, onde reconheceu ter sido o responsável pelo assassinato de milhões de pessoas. Chegou a escrever uma "autobiografia", não vendo problemas em ser conhecido como "uma besta feroz e um sádico cruel". Depois foi enviado para julgamento na Polônia, onde foi condenado à morte por enforcamento e executado próximo ao crematório do campo que havia comandado. Tinha 46 anos. A esposa, Hedwig, morreu em 1989.

22. Rudolf Höss, o comandante de Auschwitz, é executado próximo ao crematório do campo de extermínio que dirigiu por mais de três anos.

5

A SERVIÇO DO NAZISMO

Um dos temas mais intrigantes relacionados ao Terceiro Reich trata de importantes militares e políticos que não eram nazistas, mas ainda assim serviram ao regime. Não obstante Erich von Manstein, Erwin Rommel, Heinz Guderian e Hjalmar Schacht terem ocupado altos cargos, nenhum deles promoveu a ascensão de Hitler nem esteve ligado ao Terceiro Reich por questões puramente ideológicas.

Schacht tinha uma história de sucesso antes do nazismo. No caso dos militares, todos eles foram criados dentro das tradições do Exército alemão, uma força conservadora e nacionalista por natureza, a gênese do império, cujas tradições mais antigas remontam ao militarismo prussiano de Frederico II, o Grande. Mais que um braço militar do Estado alemão, o Exército era a garantia de sobrevivência da nação, leal ao chefe de Estado constituído, disciplinado e extremamente combativo. Oficialmente, indivíduos ligados a partidos políticos não poderiam participar de seus quadros. Por isso, quando os nazistas chegaram ao poder, de forma legítima, o Exército continuou mantendo certa autonomia e agindo como fazia desde pelo menos o século anterior, preso a uma cultura de lealdade e disciplina, honra e cavalheirismo. Além disso, a classe militar era o que havia de mais parecido dentro da sociedade alemã com o mundo imaginado pelos nazistas. Restaurado e expandido, foi um dos pilares do regime, apesar de parte de seus oficiais ter divergências morais com Hitler. A maioria não conseguia imaginar romper com uma tradição tão arraigada. Contudo, voluntariamente ou não, foram os executores dos desejos de conquista do Führer, além de terem participado do Holocausto.

Os industriais Fritz Thyssen e Alfried Krupp, por sua vez, podem ser considerados aproveitadores ou oportunistas. O mesmo poder-se-ia dizer de Hugo Boss, o empresário responsável pela fabricação dos uniformes da Wehrmacht e do Partido Nazista, inclusive o famoso fardamento negro da SS, desenhado por Karl Diebitsch e Walter Heck. Como eles, muitas empresas estavam mais interessadas em poder e dinheiro do que no programa político nacional-socialista. Algumas instituições financeiras, como o Deutsche Bank e o Dresdner Bank, ou indústrias, como a Mannesmann, a IG Farben e a Flick, promoveram ou lucraram com a ascensão do nazismo na Alemanha — em alguns casos, como no da IG Farben, tornaram possível o extermínio de judeus e outros grupos. Associaram-se a um regime criminoso e ligaram para sempre seus nomes ao de Hitler.

O limite entre "simpatizantes" e "colaboradores", porém, nem sempre é claro — o Tribunal de Nuremberg, por exemplo, usou termos como "nazista", "medianamente nazista" e "levemente nazista", entre outros. Na verdade, é bastante controverso. A cineasta Leni Riefenstahl, por exemplo, nunca conseguiu separar seu trabalho do serviço prestado ao nazismo. Ainda que suas principais obras ligadas a Hitler tenham sido premiadas em muitos lugares antes do advento do Holocausto, ela ficou marcada pela produção do principal filme de propaganda do Terceiro Reich. Já o cientista espacial Wernher von Braun, que poderia ter entrado para a história como criminoso de guerra devido aos bombardeios a Londres, é lembrado como um dos "pais" das viagens espaciais.

A SERVIÇO DO NAZISMO

GUSTAV KRUPP (1870-1950) e ALFRIED KRUPP (1907-67)
A dinastia das armas

Por quase um século, a Krupp foi sinônimo de guerra. Durante esse tempo, quatro gerações da família mantiveram em funcionamento um gigantesco complexo de fábricas de armamentos e munições que, ao longo de décadas, compunha a principal fonte de abastecimento de material bélico da Alemanha. Friedrich Krupp, o fundador, deu início à produção de aço na década de 1820, mas foi seu filho Alfred quem consolidou a empresa como uma gigante da indústria alemã — além de armamento, a Krupp fabricava anéis de aço para o uso em locomotivas (o símbolo da empresa até hoje), trilhos de trens, placas de aço e engrenagens para navios a vapor. Com sede em Essen, a firma cresceu e comprou outras fábricas e minas de minério de ferro. Passou a produzir e comercializar para a América do Sul e para a Ásia, vendia armas até mesmo para os inimigos da Alemanha, como a Inglaterra e a Rússia, mas seu principal comprador era, de fato, o Império Alemão, unificado em 1871. Alfred foi profético: "A minha realização acompanhará o sucesso e o fracasso da grandeza e da supremacia militar da Prússia."[1] Seu filho, Friedrich Alfred, assumiu a Krupp, mas morreu sem um herdeiro do sexo masculino.

Depois de passar pelo controle de um grupo de acionistas, a Krupp voltaria ao controle da família quando a filha de Friedrich Alfred, Bertha, casou-se com Gustav von Bohlen und Halbach, em 1906. Nascido na Holanda, Gustav vinha de uma família de proeminentes banqueiros, estudara direito em Heidelberg e servira como diplomata em embaixadas alemãs. Ele conseguiu do Kaiser a permissão para adotar o nome Krupp e, aos poucos, assumiu o controle da empresa. A corrida armamentista pré-Primeira Guerra impulsionou a indústria bélica, cuja demanda aumentou substancialmente durante o conflito — a Krupp passou a produzir até submarinos. A derrota alemã e a desmilitarização do país não abalaram a empresa, que lucrava com a hiperinflação e produzia equipamentos de guerra testados pelo Exército Vermelho na União Soviética.

No começo da década de 1930, Gustav se tornou presidente da Associação da Indústria Alemã e já era conhecido como "o rei das fábricas de armamentos". Não obstante, ele se opôs decididamente a Hitler, advertindo o presidente Hindenburg do perigo nazista. Quando Hitler assumiu e prometeu criar um renovado e poderoso Exército, porém, o industrial foi cooptado pelo Führer. Em troca de privilégios, a contribuição anual da Krupp ao Partido Nazista chegou aos 10 milhões de marcos anuais. Quando a Segunda Guerra teve início, a produção de armamentos e munições da empresa foi levada quase à exaustão, e Alfried, o filho de Gustav e Bertha, começou a tomar as rédeas da Krupp.

Alfried era um esportista (medalhista de bronze nas Olimpíadas de 1936), estudara metalurgia e trabalhara em bancos. Desde 1931 era membro colaborador da SS, tendo se filiado ao Partido Nazista em 1938. Ele estava entre os diretores da empresa desde 1936 e, com a invasão da Polônia, fora encarregado pelo Departamento de Minas e Armamentos de garantir suprimento de tanques, munições e armamentos para a Wehrmacht. Também foi o responsável por mover fábricas dos territórios ocupados para a Alemanha, onde eram remontadas. Trabalhadores escravizados constituíam boa parte da mão de obra. Em 1943, ele assumiu o controle total da Krupp, um império que reunia 175 empresas alemãs e outras sessenta subsidiárias estrangeiras.

Nesse mesmo ano, a indústria começou a utilizar prisioneiros judeus de Auschwitz como "empregados". O ministro dos Armamentos, Albert Speer, relatou mais tarde que cerca de 45 mil civis soviéticos trabalhavam nas fábricas de aço e mais de 120 mil prisioneiros de guerra, em minas de carvão — somente nas proximidades de Essen havia 57 campos. Os bombardeios Aliados, porém, atingiram pesadamente o parque industrial da empresa em Essen, destruição que reduziu de maneira drástica a produção da Krupp.

Alfried imaginou que poderia recorrer a uma compensação por danos de guerra ou saldar as dívidas com empréstimos do governo, mas a situação caótica e a derrota do Terceiro Reich acabaram com suas esperanças.

A família foi capturada pelos Aliados em 1945. Examinado por médicos norte-americanos, Gustav não tinha condições físicas e mentais de ser julgado, pois sofrera um derrame e estava senil. Morreu na Áustria, cinco anos depois. Sua esposa, Bertha, faleceu em 1957. Alfried foi levado a julgamento em Nuremberg junto com outros nove diretores da Krupp. Em 1948, foi considerado culpado por seu papel no esforço de guerra alemão, pela pilhagem em território ocupado e pelos maus-tratos aos trabalhadores escravizados na Krupp. Foi condenado a doze anos de prisão e teve seus bens confiscados.

23. À direita, Alfried Krupp, o diretor da maior fábrica de armamentos da Alemanha, durante um interrogatório no pós-guerra.

Em 1951, porém, com a anistia geral dos industriais e marechais, Alfried foi solto. Seus bens pessoais, avaliados em quase 50 milhões de libras esterlinas, foram restituídos. Dois anos depois, ele retornou ao antigo cargo na Krupp. Embora os Aliados tenham ordenado a venda das empresas de carvão e aço, a Krupp voltou a se tornar a maior produtora de aço da Europa. Quando faleceu, em 1967, de insuficiência cardíaca, a Krupp contava com mais de 110 mil trabalhadores e seu faturamento anual era de 500 milhões de libras. Nos anos 1990, a empresa se uniu à Thyssen para formar o grupo ThyssenKrupp.

FRITZ THYSSEN (1873-1951)
O financiador de Hitler

Friedrich "Fritz" Thyssen era um nacionalista convicto, um produto típico da Europa do final do século XIX e começo do século XX. Herdeiro de um dos industriais mais ricos da Alemanha, nasceu em uma família católica de origem renana que tinha boas relações com o Kaiser. Fritz estudou em Berlim, Liège e Londres, e após um curto período de serviço no Exército alemão assumiu vários cargos no grupo de empresas que o pai criara no começo dos anos 1890, em Duisburg, no vale do Ruhr. A Thyssen explorava minas de carvão e minério de ferro e também produzia aço. Em 1900, Fritz se casou com Amelie Helle, filha de um dono de fábrica. O casal teria uma única filha, Anna, nascida nove anos depois. Com a derrota alemã na Primeira Guerra e a ocupação da Renânia por tropas francesas, em 1923, ele se tornou um ativista da resistência passiva e defensor da restauração da monarquia. Fritz foi inclusive preso e julgado por uma corte francesa. Crítico da República de Weimar, que ele considerava um desastre, enxergou em Hitler (que o impressionou por sua oratória e capacidade de mobilizar as massas) um meio de barrar o crescimento do comunismo e salvar a Alemanha de uma catástrofe. Naquele ano, por intermédio do general

Erich Ludendorff, Fritz doou ao Partido Nazista 100 mil marcos de ouro. Ele ainda ajudou Hitler na compra da Casa Marrom e no financiamento das campanhas eleitorais. Em uma década, as contribuições chegaram a 1 milhão de marcos — pelo menos foi o que o próprio Fritz confessou ter doado. Ele não considerou a soma elevada e afirmou que, além da Thyssen, outras indústrias contribuíam com Hitler, algo que Fritz estimou em 2 milhões de marcos por ano.

Em 1928, Fritz Thyssen criou um cartel e se transformou em presidente da Sociedade Internacional do Aço. Três anos depois entrou para o Partido Nazista. No ano seguinte, convidou Hitler para falar aos industriais. O líder nazista foi recebido por um seleto grupo e garantiu um governo forte, defendendo a propriedade privada e o combate ao comunismo. Foi o bastante para que Hitler conseguisse o apoio de que o partido precisava para as eleições de 1932. "Estou firmemente convencido de que somente este homem pode salvar a Alemanha da ruína e da desgraça", afirmou Fritz.

A ascensão dos nazistas ao poder favoreceu Thyssen. Fritz foi nomeado conselheiro do Estado prussiano, próximo a Göring, que defendia uma linha menos "à esquerda" para o nazismo, e se elegeu para o Reichstag. Contudo, à medida que Hitler passou a controlar o Estado e a economia alemã da mesma forma que o comunismo fazia na URSS, a relação de Fritz com o Führer começou a ruir. O anticatolicismo nazista também o inquietava, assim como o antissemitismo. O industrial ficou profundamente chocado com a Noite dos Cristais, em 1938. "Os judeus foram roubados e torturados de maneira covarde e brutal", escreveu ele.[2]

Após o Pacto Molotov-Ribbentrop, Fritz fugiu para a Suíça e escreveu uma carta a Hitler, em dezembro de 1939. "Minha consciência está limpa", começava a missiva, "e me sinto livre de qualquer culpa. Meu único erro foi acreditar em você." A perseguição ao cristianismo, aos padres e a "profanação das igrejas" eram injustificáveis e precisavam parar. Pediu a Hitler que escutasse; ele ouviria a "voz de uma nação atormentada". Clamou ainda pela restauração da liberdade e por humanidade. E foi assim que um Führer irado ordenou o confisco de seus bens e a cassação de sua cidadania alemã.

Em 1940, Fritz se refugiou na França, onde escreveu *I paid Hitler* [Eu financiei Hitler], publicado no ano seguinte, na Inglaterra. Capturado pelo governo colaboracionista de Vichy e entregue à Gestapo, foi enviado para a Alemanha, onde passou pelos campos de concentração de Sachsenhausen, Buchenwald e Dachau. Com o fim da guerra, foi preso pelos Aliados e passou por um processo de desnazificação, sendo solto em 1948. No ano seguinte, foi para a Argentina, morrendo pouco depois, em Buenos Aires, aos 78 anos. A esposa faleceu em 1965, em Straubing, na Alemanha. A filha, a condessa Zichy-Thyssen, morreu em 1990.

HJALMAR SCHACHT (1877-1970)
O mago da economia alemã

Hjalmar Schacht teve papel-chave no fim da hiperinflação alemã durante a República de Weimar, o maior e mais impressionante evento desse tipo na história, além de ser o responsável pela recuperação econômica do Terceiro Reich antes da Segunda Guerra Mundial.

Seu pai tinha origens bastante modestas (tentara a vida nos Estados Unidos, onde se naturalizou), mas a mãe descendia da nobreza dinamarquesa. Apesar dos problemas financeiros da família, Schacht estudou em Munique, Kiel, Leipzig, Paris e Berlim, onde obteve o doutorado em Economia — culto, tinha interesses diversos, de medicina e jornalismo a filologia e filosofia. Começou a carreira no Dresdner Bank, onde trabalhou até 1916, quando assumiu o Nationalbank für Deutschland. Em novembro de 1923, com o país em colapso econômico, foi designado comissário da Moeda do Reich, com o objetivo de deter a hiperinflação — um dólar norte-americano valia 25,3 bilhões de marcos, fazendo meio quilo de carne custar 36 bilhões de marcos. Ele obteve sucesso com o estabelecimento do Rentenmark, que tinha como base o lastro obtido de empréstimos externos. No mês seguinte, Schacht foi nomeado presidente do Reichsbank, a principal instituição financeira alemã, no qual permaneceria até 1930.

Nessa época, a Grande Depressão voltava a assustar o país. Schacht ficou impressionado com o sucesso eleitoral nacional-socialista. Achava Hitler "um autêntico fanático" e "um agitador nato", apesar da voz "às vezes rouca e não raramente esganiçada", mas preferiu apostar nele para escapar dos comunistas e, segundo afirmou, salvar o país da destruição econômica.[3] Assim, Schacht deu seu aval para que os industriais alemães apoiassem o movimento e Hindenburg indicasse o líder nazista para o cargo de chanceler, na esperança de controlar novamente a economia.

Quando Hitler assumiu, indicou Schacht para a presidência do Reichsbank e, no ano seguinte, o nomeou ministro da Economia. O contato com bancos e grandes empresas facilitaram as coisas. Schacht criou a Câmara de Comércio do Reich e tratou com diversos países, possibilitando acordos e negócios altamente lucrativos para um país quase sem reservas. Em apoio ao programa de geração de emprego nazista, Schacht colocou à disposição do governo 1 bilhão de marcos do Reichsbank; outros 600 milhões foram injetados na construção de rodovias — as Autobahnen.

Em 1935, quando Hitler criou a Wehrmacht e deu início ao rearmamento, Schacht foi nomeado plenipotenciário-geral para a Economia de Guerra. O economista, porém, não concordava com a posição belicista de Hitler e sua política armamentista. Dois anos depois, ele pediu demissão do ministério — embora tenha permanecido como ministro sem pasta até 1943. Em 1938, ainda como presidente do Reichsbank, foi autorizado a negociar com Londres um plano de emigração para os judeus. A Noite dos Cristais, porém, o deixou preocupado quanto ao caminho trilhado pelo país através do antissemitismo nazista, além do modo perigosamente extremista com que Hitler tratava assuntos internacionais. Aproximou-se, então, da resistência, principalmente mantendo contato com Carl Goerdeler.

No começo de 1939, foi demitido do banco. Sua participação no complô contra Hitler, em 1944, foi superficial, mas o bastante para que fosse preso pela Gestapo e internado em um campo de concentração, primeiro em Ravensbrück, depois Flossenbürg. Preso pelos Aliados no fim da guerra, foi absolvido em Nuremberg. Passou por um processo de desnazificação alemão, quando foi condenado a oito anos de cadeia. Foi solto em 1948 e finalmente liberado de qualquer acusação dois anos depois. Trabalhou como consultor financeiro e criou o próprio banco. Escreveu vários livros, além de uma autobiografia. Morreu em Munique, aos 93 anos. Schacht foi casado duas vezes e teve quatro filhos. A primeira esposa, Luise Sowa, faleceu durante a guerra — um dos filhos, Jens, pereceu prisioneiro dos soviéticos. Manci Vogler, com quem Schacht se casou em 1941, morreu em 1999.

24. Hjalmar Schacht, o ministro da Economia de Hitler, durante o julgamento de Nuremberg.

A SERVIÇO DO NAZISMO

ERICH VON MANSTEIN (1887-1973)
O estrategista

Hitler considerava Erich von Manstein "o melhor cérebro" entre seus generais, e depois da Segunda Guerra quase todos os oficiais alemães interrogados ou entrevistados pelos Aliados concordaram que o conquistador de Sebastopol era "o mais capaz" dentre eles.

Natural de Berlim, Manstein nasceu Fritz Erich von Lewinski, décimo filho de um general, descendente de uma tradicional família de militares e nobres prussianos. Havia gerações seus ancestrais serviam a imperadores e tsares. Foi criado e educado pela família da irmã de sua mãe, sem filhos e casada também com um general, de quem o futuro marechal de campo herdaria o sobrenome.

A carreira militar de Manstein começou cedo. Entrou para o corpo de cadetes e de pajens da corte do Kaiser Guilherme II aos treze anos — obediência, honra e companheirismo eram palavras de ordem. Sete anos mais tarde, ingressou como oficial no Terceiro Regimento de Infantaria de Guarda, onde se formara o marechal Paul von Hindenburg. Quando a Primeira Guerra teve início, Manstein trocou os estudos pelos campos de batalha. Como primeiro-tenente, lutou na Frente Oriental e na Ocidental, mas por pouco tempo: feriu-se gravemente na perna direita, em novembro de 1914, e permaneceu seis meses num hospital. Quando se recuperou, passou o restante da guerra em funções de gabinete com a patente de capitão. Depois da abdicação do Kaiser e do fim do Império Alemão, Manstein manteve-se fora dos conturbados eventos políticos seguintes — "apolítico", como pregara o general Hans von Seeckt. Mais uma vez, conviveu com a doutrina de obediência, lealdade e cumprimento do dever.

No começo de 1920, conheceu a futura esposa, Jutta Sybile von Loesch, filha de um proprietário de terras na Silésia. Casaram-se em menos de seis meses. Teriam três filhos nascidos entre 1921 e 1929, e um deles,

Gero, seria morto em combate, como tenente, na Frente Oriental, em 1942. No ano em que Hitler assumiu o controle da Alemanha, Manstein alcançou o posto de coronel, servindo nos Estados-Maiores dos generais Von Witzleben e Von Beck, mais tarde os principais conspiradores contra o Führer. Seis anos depois, quando a Segunda Guerra estourou, já como tenente-general, comandava o Estado-Maior do general Von Rundstedt durante a campanha polonesa. Quando a atenção de Hitler se voltou para a França e o Alto-Comando se debatia sobre o uso do Plano Amarelo, a repetição do plano de ataque da Primeira Guerra, Manstein apresentou a alternativa que agradou ao Führer e faria história: o ataque principal, o "corte de foice", se daria pelas Ardenas; o ataque pela Bélgica serviria apenas como engodo. A França caiu em menos de quatro semanas, e Manstein, alçado a "gênio operacional", foi promovido a general de infantaria.

Antes da invasão da União Soviética, em 1941, contestou a Ordem dos Comissários, argumentando que assassinar a bala comissários comunistas "por princípio" não era uma atitude militar. Como todos os outros oficiais, porém, endossou a ordem. Depois da guerra, em Nuremberg, Manstein lembrou que foi seu primeiro conflito entre "o dever de obedecer e a minha conduta de soldado".[4] A Wehrmacht, no entanto, não obteve na campanha soviética o êxito da Blitzkrieg no Ocidente: os alemães pararam diante de Moscou e passaram os anos seguintes apenas retardando a inevitável derrota. Para Manstein, seu ponto alto ocorreu em julho de 1942, quando tomou Sebastopol, na Crimeia. A conquista, ao enorme custo de vidas e material, lhe valeu o posto de marechal de campo e o reconhecimento até mesmo do inimigo. O marechal Rodion Malinowski afirmou depois da guerra que a maestria técnica de Manstein era inigualável, sendo ele o "adversário mais perigoso" dos soviéticos.

Extremamente inteligente, autoconfiante, impiedoso e até mesmo presunçoso, Manstein não era popular como Rommel ou Guderian. Até mesmo Hitler, que admirava sua competência tática, desconfiava de sua lealdade ao nacional-socialismo. Nenhum outro comandante alemão enfrentou e discutiu com o Führer tanto quanto ele, a ponto de Hitler o demitir em março de 1944 — dois meses antes, o marechal tinha saído na capa da revista *Time*.

Mesmo não sendo nazista, Manstein acreditava na vitória da Alemanha e no princípio da lealdade. Ainda que tenha sido informado com antecedência do plano para assassinar Hitler, não há indícios de que tenha participado da conspiração. A frase que teria externado na ocasião, "marechais de campo prussianos não se rebelam", é contestada, embora não fosse nenhum absurdo, segundo sua arraigada crença militar.[5] A lealdade à ordem constituída também impediu que interferisse nos assuntos da SS. Mesmo ciente das ações dos Einsatzgruppen na Rússia, preferiu se eximir das responsabilidades.

Depois de passar para a reserva, Manstein viveu o restante da guerra afastado dos combates. Em maio de 1945, rendeu-se aos britânicos. Julgado por crimes de guerra por um tribunal militar, foi condenado a dezoito anos de prisão, mas teve a pena reduzida, sendo solto em 1953, mesmo sob os protestos dos soviéticos, que desejavam pôr as mãos no "detestado Manstein".

25. O marechal Erich von Manstein, à direita, durante a Operação Barbarossa, em 1941.

Lamentou não ter reconhecido "a verdadeira natureza do regime" nazista e escreveu um livro de memórias, *Lost victories* [Vitórias perdidas], prefaciado pelo historiador militar inglês Liddell Hart. Em 1956, assessorou o governo de Adenauer na formação do novo Exército da Alemanha Ocidental. Ainda viveu por mais de duas décadas, falecendo aos 86 anos. A esposa, Jutta, havia morrido em 1966. Os dois filhos sobreviventes, Gisela e Rüdiger, faleceram, respectivamente, em 2013 e 2019.

HEINZ GUDERIAN (1888-1954)
O general Panzer

Heinz Guderian foi um dos mais destacados nomes da Wehrmacht durante a Segunda Guerra, o teórico da Blitzkrieg, a "guerra-relâmpago", que tornou possível que a Alemanha de Hitler pusesse a Europa Ocidental de joelhos. Típico oficial prussiano, Guderian nasceu em uma família de militares. Era filho de um tenente de um batalhão de caçadores, uma unidade de elite do Exército alemão, e neto de oficiais que serviram ao rei da Prússia. Aos dezenove anos, concluiu a escola de cadetes em Gross-Lichterfelde, Berlim, com as notas mais altas. Serviu sob o comando do pai e atuava como oficial de sinaleiros em um destacamento de comunicações quando se casou com Margarete Goerne, com quem teria um único filho, Heinz Günther, nascido em 1914. Estava estudando na Academia de Guerra de Potsdam quando a Primeira Guerra estourou na Europa.

A experiência como oficial de comunicação na linha de frente e junto ao Estado-Maior fariam o futuro líder Panzer ver a importância da mobilidade das tropas em detrimento da guerra estática travada nos campos franceses. Depois de quatro anos de batalhas, Guderian se encontrava na Itália, como membro do Estado-Maior Geral, quando a Alemanha assinou o armistício. Foi designado, então, para a luta na Frente Oriental, sob o comando de Hans von Seeckt, e para a "Divisão de Ferro", Freikorps que atuou no Báltico para impedir o avanço de tropas polonesas e soviéticas sobre o território alemão. Era monarquista e anticomunista, mas, com a República de Weimar, guardou distância da política, conforme os preceitos de Von Seeckt.

Em 1922, Guderian começou a estudar o uso de tanques blindados, o que era proibido aos alemães pelo Tratado de Versalhes. A Alemanha, porém, secretamente produzia armamentos em parceria com a Suécia e a URSS. Mesmo com um número reduzido de veículos, aos poucos foi possível realizar os primeiros testes de movimento, com tanques operando em profundidade e operados via rádio. Quando Hitler assumiu o poder e o rearmamento tornou-se evidente, Guderian estava à frente de ingleses e britânicos, então os principais teóricos das divisões blindadas.

Em janeiro de 1934, ele conheceu Hitler em Kummersdorf, quando apresentou ao líder nazista o embrião da que viria a ser uma divisão blindada. O Führer teria dito: "É disso que eu preciso. É isso o que eu quero."[6] Guderian foi nomeado, então, inspetor-geral das Tropas Panzer. Em 1937, publicou *Achtung, Panzer!* ["Atenção, Panzer!"], livro em que resumia a doutrina básica das tropas blindadas, que fariam sucesso na Segunda Guerra. Quando o conflito teve início, com a invasão da Polônia, os Panzer de Guderian dizimaram o antiquado Exército polonês. A Blitzkrieg seria repetida no ano seguinte, na Frente Ocidental. Foi Guderian quem deu o aval ao Plano Manstein, informando ao Alto-Comando que as divisões blindadas teriam sucesso em um ataque pelas Ardenas.

A França foi derrotada em poucas semanas, mas a aventura seguinte de Hitler extrapolava a capacidade do Exército alemão. Guderian protestou contra a invasão da União Soviética e a abertura de uma segunda frente, mas sua posição de oficial prussiano, disciplinado e leal ao chefe de Estado, impedia atos de insubordinação. Ele acabou concordando com Hitler, afirmando que trabalharia para "tornar possível o impossível". Quando a Wehrmacht atolou na neve do inverno russo, ele percebeu, como muitos outros, que a guerra não poderia ser vencida, adotando, então, um modo próprio de desobedecer quando achava oportuno — ignorava ou driblava ordens e diretivas absurdas, como a proibição de recuar, como poucos.

Depois de brigas e discussões com o Alto-Comando, Guderian foi exonerado e reformado. Ele havia aceitado, mas não sem brigar, a decisão de Hitler de dividir as forças alemãs e retardar um ataque direto a Moscou, o que, segundo muitos oficiais, teria derrotado os soviéticos no primeiro ano da campanha. Depois da derrota em Stalingrado, em 1943, Guderian foi convocado novamente. Acreditou que poderia convencer Hitler a salvar a Alemanha da destruição. Depois de repelir os conspiradores em 1942, voltou a ser consultado sobre a possibilidade de prestar apoio à causa em 1944. Cético quanto ao sucesso do golpe de Estado e mesmo tendo consciência de que a guerra estava perdida, preferiu se eximir da responsabilidade, pois queria "tentar salvar os exércitos do Leste e minha pátria" lutando como o soldado que era. Foi indicado pelo Führer para compor o "Tribunal de Honra", presidido por Gerd von Rundstedt e que deveria julgar os oficiais envolvidos no complô contra Hitler. Mais tarde, ele escreveu que "a profunda desconfiança" que Hitler "já sentia pela humanidade em geral, e pelos oficiais do Estado-Maior, em particular, transformou-se em profundo ódio". Passou o final da guerra como último chefe do Estado-Maior Geral do Exército tentando evitar que o Exército Vermelho invadisse a Alemanha, enquanto pressionava o regime para um acordo de paz com os Aliados. Em março de 1945, depois de desmentir Hitler diante de um grupo de oficiais, ele foi "convidado" a entrar em licença.

26. O general Heinz Guderian, teórico das divisões blindadas, em julho de 1941.

A SERVIÇO DO NAZISMO

Quando a Alemanha assinou a rendição incondicional, Guderian foi preso pelos norte-americanos, mas não o levaram a julgamento. Em vez disso, foi convidado a servir em uma divisão de história do Exército. A despeito dos pedidos soviéticos de extradição, ele foi libertado em 1948. Retirou-se para Schwangau, onde cultivou um pomar e escreveu, entre outros, um livro de memórias, *Panzer leader* [Líder Panzer], prefaciado por Liddell Hart. Em meio à Guerra Fria, defendeu o rearmamento da Alemanha com a finalidade de impedir o avanço do comunismo na Europa Central.

Guderian morreu de ataque cardíaco aos 65 anos. A esposa morreu em 1972. Seu filho lutou como major durante a Segunda Guerra, sendo reintegrado ao Exército da Alemanha Ocidental nos anos 1950. Morreu em 2004.

ERWIN ROMMEL (1891-1944)
A Raposa do Deserto

Erwin Rommel foi o mais popular nome da Wehrmacht e o mais prestigiado marechal de campo do Terceiro Reich, suplantando muitos outros que lhe eram superiores tecnicamente. Boa parte disso se deve à propaganda nazista e até mesmo à dos Aliados, feita principalmente pelos britânicos. Goebbels imaginou fazer dele o modelo ideal do chefe militar de uma nova Alemanha, e o próprio Rommel emprestou seu carisma e sua história à ideologia de Hitler. Um dos poucos comandantes alemães a ostentar a mais alta condecoração da Primeira Guerra Mundial, Rommel não fazia parte da aristocracia prussiana que ditava as normas no Exército no antigo Império Alemão, mas tinha olhos azuis, era louro, ambicioso e destemido.

Nascido em Heidenheim, próximo a Ulm, Rommel era filho de um professor secundário. A família não tinha tradição militar, mas o pai planejou e lhe impôs um futuro no Exército, desconsiderando o desejo do jovem de estudar engenharia. Ele foi aceito como cadete de um regimento de infantaria no Exército de Württemberg, em 1910. No ano seguinte, durante um curso na Escola Real de Cadetes, Rommel conheceu a futura esposa, Lucie-Maria Mollin, com quem se casaria em 1916. O casal teria um único filho, Manfred, que nasceu em 1928. Nesse ínterim, ele teve um caso com Walburga Stemmer, que deu à luz uma menina. Walburga cometeu suicídio em 1928.

Quando a Primeira Guerra começou, Rommel era tenente e foi enviado para a Bélgica. Em menos de seis meses tinha recebido duas condecorações e uma promoção. Em 1917, pela conquista do monte Matajur, na Batalha de Caporetto, na frente italiana, ele recebeu a prestigiosa *Pour le Mérite*. Promovido a capitão quase no final da guerra, Rommel tinha criado uma reputação que seria ampliada na guerra seguinte: obstinação, habilidade tática, iniciativa e autoconfiança. Ele permaneceu no reduzido Exército alemão do pós-guerra e continuou os estudos sobre a "guerra móvel". Manteve-se longe das discussões políticas da década de 1920 e se encontrava em Goslar, como comandante de um regimento, quando conheceu Hitler, em setembro de 1934. Rommel exigiu que a guarda do ditador em visita pela cidade fosse feita por seus homens, não pela SS, como tradicionalmente. Então, o ousado oficial marchou pela primeira vez com o Führer. Em seguida, Rommel seria chamado a colaborar com ações que aproximassem o Exército da Juventude Hitlerista, no que não teve êxito.

Em 1937, publicou *Infanterie greift an* [A infantaria ataca], um sucesso de vendas, com mais de meio milhão de exemplares comercializados. Hitler leu e apreciou o livro, que o lembrou da época "mais feliz" de sua vida. No ano seguinte, quando a Alemanha anexou a Áustria e depois ocupou os Sudetos, Rommel foi chamado para a guarda do ditador. O então coronel estava extasiado com o Führer, o "enviado por Deus ou pela Providência para levar o mundo alemão à luz", alguém que "irradia um poder magnético, quase hipnótico".[7]

Em 1939, quando a Segunda Guerra teve início, Rommel foi nomeado general de brigada e comandante do quartel-general de Hitler. Em cartas à esposa, escreveu sobre a admiração pelo gênio do líder nazista e o orgulho de poder "ocasionalmente" sentar-se a seu lado. A personalidade de Rommel, no entanto, não o manteve muito tempo longe da linha de frente. Quando das preparações para a invasão da França, ele foi nomeado comandante da 7ª Divisão Panzer. Quando as operações do Plano Manstein tiveram início, ele cruzou a Bélgica em seis dias, sendo condecorado duas vezes. Liderou o ataque diretamente de cima de um blindado, não da retaguarda, como era costume entre os oficiais. Em uma semana, avançara mais de trezentos quilômetros em território francês, contribuindo para a rápida derrota dos Aliados na Frente Ocidental. Sua tropa ficou conhecida como "Divisão Fantasma".

No ano seguinte, Rommel foi promovido e enviado para a África do Norte, em socorro aos aliados italianos — suas unidades foram denominadas "Afrikakorps". Combatendo em terreno difícil, com material bélico limitado e um número muito inferior de soldados em relação ao inimigo, além de contar com a desvantagem de que os Aliados sabiam de antemão de todos os seus passos graças ao serviço de espionagem, Rommel esteve muito perto de ocupar toda a costa mediterrânea africana e alcançar os poços de petróleo que abasteciam os exércitos Aliados no Egito. Carismático, obstinado, ousado e ardiloso, respeitado e temido pelos ingleses, apelidado de "Raposa do Deserto", consolidou sua posição de brilhante estrategista e general de linha de frente ao tomar Bengasi e Tobruk, na Líbia, chegando a El Alamein, a menos de trezentos quilômetros do Cairo. Quando Tobruk caiu, Hitler o nomeou marechal de campo, o mais jovem do Exército alemão — tinha 49 anos. Em menos de um ano, porém, a superioridade numérica e de material fizeram com que o general Bernard Montgomery conseguisse expulsar o Exército alemão da África (já sob o comando do coronel-general Hans-Jürgen von Arnim, com Rommel tendo retornado à Alemanha para salvar sua reputação).

Em 1943, Goebbels produziu uma série de reportagens para o cinejornal semanal nazista em que Rommel era representado no papel de

"Conquistador de Tobruk" e "Herói da África do Norte". O general Gerd von Rundstedt o chamou de "palhaço do circo nazista". Não foi o único. A proximidade de Rommel com Hitler não era bem-vista entre os militares da Wehrmacht, que o tinham como um oficial politizado e leal seguidor do Führer. Rommel, porém, nunca entrou para o Partido Nazista ou nenhuma outra de suas ramificações. Talvez seu maior erro tenha sido acreditar que política fosse servir à pátria, não importando quem fosse o chefe de Estado. Descobriu tarde que dedicara a carreira a um homem sem escrúpulos.

Nomeado comandante em chefe dos exércitos alemães na França, organizou a "Muralha do Atlântico", outra peça da propaganda nazista, que tinha como objetivo impedir a invasão dos Aliados. Rommel não deteve o desembarque anglo-americano e estava envolvido com a resistência alemã quando foi ferido em julho de 1944, a poucos dias do atentado contra Hitler. Quando o ditador descobriu seu envolvimento com os conspiradores,

27. O general Rommel, a Raposa do Deserto, à frente, com a 15ª Divisão Panzer, na África do Norte.

deu-lhe duas opções: enfrentar um tribunal e a vergonha pública ou cometer suicídio, salvando a família e recebendo um funeral com honras militares. Rommel optou pela segunda. Depois da guerra, o historiador militar inglês Liddell Hart organizou e editou um livro com os documentos do marechal. A esposa de Rommel morreu em 1971. O filho, que foi prefeito de Stuttgart entre 1974 e 1996, faleceu em 2013.

WERNHER VON BRAUN (1912-77)
O cientista espacial

Wernher von Braun foi o principal cientista alemão no desenvolvimento da tecnologia de foguetes. Era filho de um político conservador luterano, que trabalhara nos ministérios do Interior e da Agricultura durante a República de Weimar. Descendente da nobreza prussiana, Von Braun recebeu o diploma de Engenharia em 1932 e, dois anos mais tarde, concluiu o doutorado em Física, apresentando resultados sobre os problemas de combustão líquida propelida. Tinha apenas 22 anos. Sua admiração por viagens espaciais desde a infância fez com que, ao começar os estudos, no final dos anos 1920, passasse a se dedicar aos foguetes, que incrivelmente não estavam entre as armas proibidas pelo Tratado de Versalhes. Assim, diferentemente de outros equipamentos militares, os alemães puderam pesquisar e desenvolver foguetes sem ser incomodados pelos Aliados — embora o trabalho inicial de Von Braun não tivesse finalidade bélica, uma vez que o desejo dele era a conquista do espaço.

Quando Hitler deu início ao rearmamento alemão, Peenemünde, na costa do Báltico, ao norte de Berlim, passou a ser o mais importante centro de projetos científicos da Alemanha nazista. As pesquisas eram realizadas tanto pelo Exército quanto pela Luftwaffe, todas inovadoras e revolucionárias. Foi ali, sob a chefia de Walter Dornberger, que Von Braun trabalhou como diretor técnico no projeto pelo qual ficaria famoso, os mísseis balísticos chamados de foguetes A-4, posteriormente batizados de V-2 (*Vergeltungswaffen,* "armas da vingança"), recurso com que Hitler pretendia derrotar os Aliados. Nesse ínterim, Von Braun entrou para o Partido Nazista e para a SS, onde alcançou a patente de SS-Sturmbannführer, o equivalente a major no Exército.

Depois de alguns fracassos, em outubro de 1942 o engenheiro conseguiu que seu foguete de doze toneladas, transportando uma ogiva de uma tonelada, percorresse mais de 320 quilômetros. O V-2 era propelido por etanol e oxigênio líquido, injetados em uma câmara de combustão de altíssima pressão. A força do empuxo permitia que o V-2 alcançasse a estratosfera — e, com o fim da Segunda Guerra, um exemplar capturado pelos norte-americanos conseguiu fotografar o espaço pela primeira vez na história. Hitler ficou eufórico e concedeu o título de "professor" a Von Braun. O cientista afirmaria mais tarde que nunca tivera envolvimento ideológico com o nazismo; sua participação no NSDAP e na SS era parte do trabalho. "Hitler era apenas um tolo pomposo", afirmou.[8] Ele chegou mesmo a ser preso pela Gestapo, no começo de 1944, acusado de ser comunista e derrotista quando uma conversa que tivera com outros cientistas foi interceptada pelo SD.

Depois de solto, os trabalhos de Von Braun continuaram, e os dois primeiros mísseis V-2 foram disparados contra a Inglaterra a partir de uma base em Haia, na Holanda. Em 8 de setembro de 1944, atingiram Chiswick, próximo ao centro da capital britânica, e Parndon Wood, perto de Epping, a nordeste de Londres. Com uma velocidade superior a 5.700 quilômetros por hora — mais de nove vezes a velocidade do principal avião de caça inglês, não havia defesa Aliada capaz de interceptar as "bombas voadoras" projetadas por Von Braun. Até março do ano seguinte, mais 1.050 delas foram lançadas sobre a Inglaterra, e outras novecentas foram disparadas contra a Bélgica.

A SERVIÇO DO NAZISMO

28. O cientista das "bombas voadoras" de Hitler sentado à mesa de diretor da Nasa, em 1970.

Quando a Alemanha se rendeu, Von Braun, Dornberger e outros cientistas renderam-se aos norte-americanos na Áustria. O jovem e brilhante cientista, então com 33 anos, foi enviado para os Estados Unidos, onde pôde escolher uma centena de cientistas alemães para trabalhar em Fort

Bliss, no Texas. Tempos depois, ganhou o reforço de quase quatrocentos outros cientistas e uma nova base, em Huntsville, no Alabama. Como diretor da Nasa, desenvolveu os foguetes Saturno, do Projeto Apolo, que permitiram ao homem chegar à Lua, em 1969, e vencer os soviéticos na corrida espacial. Nesse meio-tempo, pôde retornar à Alemanha para se casar com Maria Luise von Quistorp, com quem teria três filhos nascidos entre 1948 e 1960, e se naturalizar norte-americano. Oito anos depois de enviar o homem ao satélite natural terrestre, Von Braun morreu de câncer, na Virgínia, nos Estados Unidos. Tinha 65 anos.

LENI RIEFENSTAHL (1902-2003)
A cineasta de Hitler

A cineasta berlinense Helene Amalie "Leni" Riefenstahl produziu o principal filme da propaganda nazista durante o Terceiro Reich, *O triunfo da vontade*. Filha de um empresário bem-sucedido, estudou balé na adolescência. Tendo participado como dançarina das apresentações do diretor teatral austríaco Max Reinhardt em turnês pela Europa, em 1925 Riefenstahl estreou como atriz de cinema no filme *Der Heilige Berg* [A montanha sagrada], o primeiro de uma série de filmes sobre os Alpes realizada por Arnold Franck, pioneiro do gênero de filmes de montanha, muito populares durante a República de Weimar. Em 1932, ela não apenas atuou, como também produziu e dirigiu *Das Blaue Licht* [A luz azul], escrito em parceria com o roteirista austríaco Carl Mayer e o judeu húngaro Béla Balázs. Desempenhando o papel principal, Riefenstahl levou a medalha de ouro na Bienal de Veneza, na primeira edição do que viria a ser o Festival Internacional de Cinema da cidade italiana.

No ano seguinte, quando Hitler assumiu a Chancelaria, Riefenstahl foi chamada para trabalhar para o Partido Nazista. O Führer admirava seu trabalho e a tinha como modelo ideal da mulher alemã. Esportista, ela praticava natação e alpinismo, representando o "renascimento nacional" imaginado pelos nazistas, que tinha como base a adoração romântica do corpo humano e da natureza, o culto à virilidade e a "pureza" racial. Além de bela, Riefenstahl era inteligente e inventiva. A primeira produção para Hitler foi o curta-metragem *Der Sieg des Glaubens* [A vitória da fé], filmado durante o Congresso do NSDAP e que serviria de teste para o trabalho seguinte, bem mais importante.

Encarregada de produzir um filme sobre o evento realizado anualmente em Nuremberg, ela não poupou esforços na produção, que contou com uma equipe de dezesseis cinegrafistas e 36 câmeras. Combinando música e efeitos dramáticos inspirados na ópera wagneriana e técnicas de tomadas de câmera dos filmes mudos, Riefenstahl captou a emoção e a grandiosidade das apresentações nazistas, com desfiles e marchas intermináveis de soldados, jovens e simpatizantes, os discursos dos líderes e a história do movimento nacional-socialista, que apresentava Hitler como líder e guia do povo alemão. *O triunfo da vontade*, nome que o próprio Führer escolheu, é considerado um filme de propaganda por excelência, tendo vencido o Festival de Cinema de Veneza em 1935. O trabalho seguinte da cineasta foi o documentário *Olympia*, sobre os Jogos Olímpicos de Berlim de 1936, igualmente aclamado e premiado pela inovação técnica. Naquele ano, Riefenstahl foi capa da revista norte-americana *Time*. Quando a Segunda Guerra teve início, ela foi enviada para a Polônia como correspondente de guerra e filmou Hitler marchando sobre uma Varsóvia destruída. Foi o último filme de Riefenstahl para a propaganda nazista.

Ela continuou produzindo durante a guerra, embora tenha alcançado menor impacto. Não obstante ter usado prisioneiros ciganos dos campos de concentração em suas filmagens, Riefenstahl negou até a morte que soubesse do genocídio. Ela nunca admitiu ligações políticas ou ideológicas com o nacional-socialismo, já que oficialmente nunca entrou para o Partido Nazista. Reconheceu, porém, nutrir admiração por Hitler, e inclusive flertou com o ditador — no entanto, não tiveram nenhum outro tipo de relação. Ela revelou também que fora assediada pelo ministro da Propaganda, o que não era novidade, levando em conta o comportamento de Goebbels.

Quando a França caiu, em 1940, ela escreveu para Hitler: "Você excede tudo o que a imaginação humana tem o poder de conceber, realizando feitos sem paralelo na história da humanidade."[9] Muito tempo depois, ela afirmaria que conhecer o Führer "foi a maior catástrofe da minha vida; até o dia de minha morte, as pessoas continuarão dizendo que sou nazista".

Presa pelos Aliados em 1945, Riefenstahl passou por vários campos de prisioneiros. Foi julgada mais de uma vez e considerada "simpatizante" nazista. Depois de um processo de desnazificação, foi solta em 1948. Retomou projetos cinematográficos nos anos 1950 e se interessou pela África nas décadas seguintes, produzindo livros de fotografias sobre tribos do Sudão. O passado nazista, porém, sempre lhe impôs dificuldades e um número bastante elevado de processos. Nos anos 1990, escreveu suas memórias, e um documentário foi produzido sobre sua vida e seu trabalho no cinema. Riefenstahl faleceu pouco depois de seu 101º aniversário, em Pöcking, no sul da Baviera.

29. Simpatizante do nazismo, Leni Riefenstahl produziu dois dos principais filmes de propaganda nazista: *Triunfo da vontade* e *Olympia*.

6

A RESISTÊNCIA AO NAZISMO NA ALEMANHA

Hitler não assumiu o governo alemão, em janeiro de 1933, sem inimigos ou ferrenhos opositores. A maioria dos mais importantes políticos alemães, incluindo o próprio presidente Hindenburg, acreditava que sua nomeação como chanceler apenas serviria para que o líder nazista pudesse ser controlado e depois descartado. Lamentavelmente, eles estavam enganados. Numa série sucessiva de eventos favoráveis, criados pelos nazistas ou não, Hitler se tornou ditador. Diversas personalidades Alemanha afora se posicionaram contra um governo nacional-socialista e o programa nazista — escritores, intelectuais, cientistas e religiosos. As igrejas católica e protestante mantiveram posições ambíguas, quando não de apoio a Hitler. Algumas vozes corajosas pregaram contra o ditador, como o pastor Dietrich Bonhoeffer e o bispo Clemens von Galen. Na prática, porém, não havia muito que pudessem fazer para impedir a escalada de terror de um regime autocrático. O mesmo pode ser dito de movimentos estudantis, como o Rosa Branca, liderado pelos irmãos Scholl; ou dos grupos de políticos, juristas e intelectuais, como o Círculo de Kreisau, liderado pelo juiz Helmuth von Moltke; e nomes de grande influência, como o jurista e ex-prefeito de Leipzig, Carl Goerdeler, e o advogado Hans von Dohnanyi; além dos resistentes passivos, como Oskar Schindler, quase todos ligados de alguma forma à Abwehr.

No entanto, a única oposição mais séria que poderia lograr êxito em um confronto direto com Hitler e os nazistas era a militar. Como instituição sólida e organizada, somente o Exército alemão poderia derrubar o Führer, controlar a SS e remover os nazistas do poder, oferecendo uma administração alternativa. Contudo a Wehrmacht vivia uma situação contraditória. Havia gerações, os militares alemães eram criados dentro de uma cultura de lealdade e obediência à ordem constituída. E Hitler, acima de qualquer dúvida, fora indicado como chanceler de forma legítima. Além disso, os oficiais haviam jurado lealdade a ele como chefe de Estado. O general Hans Oster foi um dos primeiros militares a se posicionar contra o regime e tramar um golpe. Nomes como os dos generais Ludwig Beck, chefe do Estado-Maior do Alto-Comando do Exército entre 1935 e 1938, e Franz Halder, o chefe seguinte do OKH, também se chocaram com o ditador. Entretanto, à medida que Hitler derrubava o Tratado de Versalhes e conseguia uma vitória diplomática atrás da outra, reconquistando território alemão perdido em 1919, além de realizar o sonho alemão de se unir à Áustria ou integrar ao Reich as populações alemãs na Europa Central sem entrar em uma guerra declarada, a resistência perdia força e credibilidade.

Em 1938, quando os Aliados aceitaram o Anschluss e permitiram a tomada da Tchecoslováquia, Goerdeler escreveu que "se a Grã-Bretanha e a França tivessem corrido o risco da ameaça de guerra, Hitler jamais teria usado a força". A recusa Aliada de prestar apoio ao movimento antinazista também foi fundamental naquele momento. E, para infelicidade dos conspiradores, até mesmo tentativas isoladas, como a do marceneiro suábio Georg Elser, em 1939, fracassaram. Até a Operação Valquíria, em julho de 1944, Hitler sofreu mais de quarenta atentados contra a sua vida, escapando ileso de todos. O major-general Henning von Tresckow, provavelmente o mais convicto militar anti-Hitler, que ele considerava o "artífice de todos os males", tentou assassinar o Führer mais de uma vez. Em 13 de março de 1943, em Smolensk, na Rússia, Tresckow conseguiu pôr no avião de Hitler uma caixa de licor de Cointreau, que na verdade era uma bomba de efeito retardado com tempo calculado para explodir meia hora depois da decolagem. O avião de Hitler, no entanto, pousou horas depois em Rastenburg, na Prússia Oriental, sem nenhum problema. O detonador falhara devido à baixa temperatura. Tresckow não desistiu e encontrou um suicida. Dias depois, durante uma celebração em Berlim, um major-general do Exército se aproximou de Hitler e disparou o detonador de uma bomba que estava no bolso de seu casaco. O ditador, contudo, saiu antes do esperado do local e ele precisou jogar o artefato no vaso do banheiro antes que explodisse.

Em 1944, o número de conspiradores não era pequeno. Além do coronel Albrecht von Quirnheim, havia militares importantes como os generais Hellmuth Stieff, Hans Speidel, Friedrich Olbricht, Carl-Heinrich von Stülpnagel e Erich Hoepner. Destes, apenas Speidel escaparia das garras de Hitler e, depois da guerra, seria um dos reorganizadores do Exército alemão. Surpreendentemente, até mesmo o chefe da Kripo e comandante do Einsatzgruppe B, Arthur Nebe, fazia parte do grupo — sob o comando de Nebe, o "esquadrão da morte" assassinou mais de 45 mil pessoas na Frente Oriental. O marechal de campo Erwin von Witzleben era o oficial de mais alta patente, e Tresckow e o coronel Claus von Stauffenberg, figuras centrais da conspiração. O general Ludwig Beck, ex-chefe do OKH, a alma do movimento, emprestou à causa sua credibilidade e história no Exército. Como acordado, depois do assassinato de Hitler, Beck reassumiria o posto de líder do Exército e Goerdeler assumiria o cargo de chanceler.

Ainda que discordassem de muitos dos posicionamentos e das táticas de Hitler, a maioria dos militares, porém, permanecia ligada a um juramento de lealdade ao Führer — como o general Heinz Guderian e o marechal de campo Erich von Manstein. Alfred Jodl, chefe do Estado-Maior de Operações da Wehrmacht, exprimiu uma opinião comum a qualquer ação contra o governo: alta traição.

30. Da esquerda para a direita: Hans e Sophie Scholl e Christoph Probst, membros do movimento Rosa Branca, em 1942.

HANS SCHOLL (1918-43) e SOPHIE SCHOLL (1921-43)
Rosa Branca

Os irmãos Hans e Sophie Scholl nasceram em Forchtenberg, em Württemberg, onde o pai, Robert Scholl, era prefeito e um ardoroso antinazista. Ele havia lutado na Primeira Guerra, quando conheceu a futura esposa, Magdalena Müller, com quem teve seis filhos (um dos quais morreria como soldado durante a Segunda Guerra). Crítico do nacional-socialismo, Robert seria preso em duas oportunidades. Quando se mudou com a família para Ulm, os filhos Hans e Sophie entraram para a Juventude

A RESISTÊNCIA AO NAZISMO NA ALEMANHA

Hitlerista e a Liga das Jovens Alemãs, o que era uma obrigação. Em 1937, Hans foi formalmente acusado de participar de grupos juvenis proibidos e de ter mantido "atos homossexuais" com um colega anos antes, quando tinha dezesseis anos, mas o juiz em Stuttgart desconsiderou o caso e a "falha juvenil" do rapaz. Em 1941, Hans começou o curso de Medicina na Universidade de Munique. Sophie matriculou-se como estudante de Biologia e Filosofia no ano seguinte.

Na capital bávara, Hans manteve contato com Kurt Huber, professor de Filosofia e um dos mentores intelectuais do movimento estudantil antinazista. Ele também estava tocado com os sermões do bispo católico Clemens von Galen, crítico do programa de eutanásia de Hitler, o Aktion T4. No verão de 1942, surgiram os primeiros panfletos do grupo, denominado Rosa Branca. Escritos por Hans e Alexander Schmorell, os manifestos foram distribuídos entre 27 de junho e 12 de julho, e usavam trechos apocalípticos da Bíblia e parte dos sermões de Von Galen. A ação manteve-se restrita à universidade e não há indicações de que Sophie tenha participado dessas primeiras edições.

Depois de um curto período servindo na Frente Oriental, Hans voltou a Munique e, com a ajuda da irmã, de Schmorell e do doutor Huber, escreveu, com estilo completamente diferente, o que seriam os dois últimos manifestos. Em linguagem mais crítica ao regime, pediam o fim da guerra e apresentavam planos concretos para a Alemanha pós-nazismo. Também pregavam a não violência e a resistência, além da sabotagem passiva nas fábricas de armamentos e munições. Denunciavam o extermínio dos judeus, que acreditavam ser "o crime mais terrível contra a dignidade humana, um crime não comparado a nenhum outro na história da humanidade".[1] O grupo pichou nas paredes da universidade palavras como "Abaixo Hitler" e "Liberdade" e, ainda, organizou uma manifestação contra o regime nas ruas de Munique, a única ocorrência do tipo durante todo o Terceiro Reich.

Com a ideia de levar o movimento para além da Baviera, o grupo conseguiu comprar 10 mil folhas para a impressão dos panfletos. Foram enviados para toda a Alemanha e a Áustria, para cidades como Augsburgo, Frankfurt, Linz, Viena, Salzburg, Stuttgart e Saarbrücken. Cerca de 6 mil foram impressos no começo de 1943. Em 28 de janeiro, 2 mil foram perigosamente distribuídos pelas ruas de Munique. Entre 6 e 15 de fevereiro, uma nova ação espalhou mais 3 mil panfletos. Em 18 de fevereiro, porém, os irmãos Scholl foram presos pela Gestapo enquanto espalhavam 1.500 impressos na Universidade de Munique. Christoph Probst, outro importante membro do grupo, também foi preso. Ele tinha um rascunho de Hans para um novo panfleto guardado no bolso.

No dia 22 de fevereiro de 1943, depois de três dias de interrogatórios e torturas, o Tribunal Popular, presidido por Roland Freisler, anunciou as sentenças de morte contra os irmãos Scholl e Probst. Os réus não podiam falar, mas Sophie se manifestou assim mesmo: "Alguém tinha de começar! O que escrevemos e falamos é o que muitas pessoas pensam, mas não têm coragem de dizer em voz alta." Ela foi levada para a execução de muletas; os torturadores da Gestapo haviam lhe quebrado as pernas. "Milhares serão movidos e acordados por aquilo que fizemos", bradou. As últimas palavras de Hans Scholl foram "Viva a liberdade!".[2] Os três estudantes foram executados no mesmo dia, decapitados na guilhotina da prisão de Stadelheim. Os demais membros do Rosa Branca foram presos em sequência. Willi Graf, Alexander Schmorell e Kurt Huber foram executados e outras vinte pessoas condenadas à prisão após julgamentos entre abril e setembro do mesmo ano.

Quatro meses após a execução dos irmãos Scholl, a BBC de Londres transmitiu um pronunciamento do escritor alemão exilado Thomas Mann em elogio à coragem dos estudantes. Os panfletos foram publicados pela imprensa Aliada; o último deles, contrabandeado pelo Círculo de Kreisau, foi reproduzido e jogado de aviões britânicos sobre território alemão.

Depois da guerra, Robert Scholl foi prefeito de Ulm, e sua filha Inge escreveu um livro sobre os irmãos. Ele morreu em 1973. Inge faleceu em 1998. Elisabeth foi a última dos irmãos Scholl a morrer, em 2020 — fora casada com Fritz Hartnagel, soldado na Frente Oriental e também simpatizante da resistência. Em 2003, a Alemanha inaugurou um busto de Sophie no Templo de Walhalla, em Regensburg, dedicado aos heróis da nação.

MARTIN NIEMÖLLER (1892-1984)
"Primeiro vieram buscar..."

Martin Niemöller é um dos mais conhecidos opositores de Hitler entre os protestantes e um dos que mais tempo permaneceram presos durante o Terceiro Reich. Após a guerra, foi um dos primeiros a falar abertamente sobre a responsabilidade e a culpa dos alemães pelo Holocausto. Nascido no interior da Vestfália e filho de um pastor luterano, Niemöller entrou para a Marinha Imperial em 1910 e, logo após a eclosão da Primeira Guerra Mundial, foi designado para atuar em submarinos. Serviu como oficial e comandante de diversos U-boots que atuaram no Mediterrâneo. Quando a guerra chegou ao fim, comandava o UC-67, com o posto de tenente-coronel. No ano seguinte, deixou a Marinha, casou-se com Else Bremer, com quem teria sete filhos, e começou os estudos de teologia na Universidade de Münster — embora tenha se dedicado brevemente à agricultura e participado dos Freikorps. Em junho de 1924, Niemöller foi ordenado pastor protestante da Igreja Evangélica Unida. Sete anos mais tarde, tornou-se pastor da Jesus-Christus-Kirche, em Berlim. Conservador, anticomunista e opositor da República de Weimar, quando os nazistas chegaram ao poder, saudou Hitler como líder do "renascimento nacional" que acabaria com os "anos de escuridão". Pouco tempo depois, publicou seu livro de memórias *Vom U-Boot zur Kanzel* [Do U-boot ao púlpito]. Niemöller também ingressara no Partido Nazista; integrava desde algum tempo um grupo antissemita e mantinha contato com oficiais do Exército com afinidades com o nazismo, como o futuro marechal de campo Walther Model.

Em 1934, porém, com a crescente intervenção do Estado nos assuntos religiosos, com Hitler subordinando a Igreja protestante aos seus caprichos (o pastor Ludwig Müller foi nomeado "Bispo do Reich da Igreja evangélica alemã"), Niemöller criou a Pfarrernotbund, uma liga que reunia os pastores e teólogos contrários à proibição de "não arianos" em instituições públicas. Em maio, após a Declaração Teológica Barmen, que rejeitava a autoridade de Hitler sobre a Igreja, ele fundaria a Igreja confessante, com orientação protestante e cerca de 7 mil pastores que acreditavam que o cristianismo não era compatível com o nazismo. Niemöller também atacou Alfred Rosenberg, mas, como muitos dos líderes católicos, os pastores protestantes tinham posicionamento ambíguo quanto aos judeus.

Após vários ataques ao regime dirigidos por Niemöller em sermões, Hitler ordenou sua prisão, em 1937. Julgado por um tribunal nazista, foi condenado a sete meses de encarceramento e ao pagamento de uma multa. Depois de libertado, Niemöller logo voltou a ser preso e foi colocado sob "custódia protetora" nos campos de concentração de Sachsenhausen e Dachau. Como "prisioneiro especial" de Hitler, foi levado ao Tirol quando as tropas soviéticas se aproximaram da Alemanha. Lá, ele foi libertado pelos Aliados.

Em 1947, Niemöller foi eleito presidente da Igreja protestante em Hessen-Nassau, onde permaneceu até 1964. Ele, porém, perdeu a importância dentro da Igreja Evangélica da Alemanha (EKD, na sigla em alemão) — embora tenha participado da Confissão de Culpa, organizada pelos protestantes, e atuado no Conselho Mundial das Igrejas, que também presidiu.

Mais tarde, reconheceu publicamente seu antissemitismo durante o Terceiro Reich. Um de seus sermões transformou-se em um poema bastante conhecido:

> *Primeiro vieram buscar os comunistas, e eu não disse nada por não ser comunista.*
> *Depois vieram buscar os socialistas, e eu não disse nada por não ser socialista.*
> *Então vieram buscar os sindicalistas, e eu não disse nada por não ser sindicalista.*

> *Em seguida vieram buscar os judeus, e eu não disse nada por não ser judeu.*
> *Também vieram buscar os católicos, e eu não disse nada por não ser católico.*
> *Então vieram me buscar, e não havia ninguém para me defender.*[3]

Niemöller morreu em Wiesbaden aos 92 anos. Sua esposa morreu em 1961.

DIETRICH BONHOEFFER (1906-45)
O mártir protestante

Pastor e teólogo protestante, Dietrich Bonhoeffer foi o principal nome entre os líderes religiosos alemães no movimento de resistência ao nazismo, tendo não apenas escrito e falado abertamente sobre a necessidade de oposição a Hitler, como também articulado várias tentativas de derrubar o ditador. Nascido em Breslau, filho de um professor universitário de Psiquiatria e Neurologia, Bonhoeffer tinha uma irmã gêmea, Sabine, e outros seis irmãos. A mãe era professora e neta do teólogo protestante Karl von Hase, e deu aos filhos uma educação humanitária e cristã. A perda de um irmão mais velho, de apenas dezoito anos, durante a Primeira Guerra, foi fundamental para que Bonhoeffer se decidisse pelo estudo da teologia — ele havia recebido a Bíblia desse irmão e permaneceria com ela até o fim da vida.

Bonhoeffer estudou em Tübingen, Roma e Berlim, onde obteve o doutorado em Teologia em 1927. Começou a atividade como pastor em Barcelona, na Espanha, e passou um breve período nos Estados Unidos, retornando à Alemanha para lecionar na Faculdade de Teologia. A ascensão de Hitler ao poder dividiu a Igreja evangélica alemã — onde a ideia de que os judeus faziam parte de uma "raça" à parte passou a ser defendida, tal como a doutrina nacional-socialista. Ele deixou a Alemanha para pregar no Reino Unido, onde esteve entre 1933 e 1935. Ao retornar, Bonhoeffer se uniu a Niemöller e outros pastores e teólogos da Igreja confessante. Defensor da liberdade para a pregação do Evangelho, crente na "graça de Deus" — um dos fundamentos da teologia luterana —, no ecumenismo entre as igrejas cristãs e preocupado com a política antissemita de Hitler, ele acreditava que a Igreja só teria finalidade se existisse para quem estivesse fora dela, e se fosse clara "a sua obrigação incondicional para com as vítimas de todos os sistemas sociais, mesmo que não pertençam à comunidade cristã". Mantendo constante correspondência com o exterior e alarmado com a Noite dos Cristais, em 1938, ele fez os primeiros contatos com a resistência quando seu cunhado Hans von Dohnanyi o pôs a par das intenções de membros da Abwehr. Bonhoeffer entrou, então, para a agência de inteligência do Exército, um ninho de conspiradores liderados pelo almirante Canaris. Nesse meio-tempo, ele publicou uma de suas obras mais famosas, *Discipulado*, na qual expôs a doutrina da graça por meio do Evangelho e de Cristo, que continuava presente "na vida de seus seguidores".

Com a ameaça iminente da guerra, ele visitou a Inglaterra em 1939, mas não obteve sucesso em convencer os Aliados a prestar apoio à resistência alemã. Alvo do SD, em 1940 a Gestapo fechou seu seminário e o proibiu de pregar, escrever ou publicar. No entanto, ele não deixou de conspirar contra Hitler. Em 1942, por meio do general Hans Oster, chefe do Estado-Maior do general Ludwig Beck, ex-chefe do OKH e um dos líderes antinazistas no Exército, Bonhoeffer apresentou ao Foreign Office propostas concretas para os termos de paz, mas os britânicos rechaçaram as negociações. Em abril de 1943, Bonhoeffer foi preso, acusado de subversão — por meio da Abwehr, ele vinha dando apoio à fuga de judeus da Alemanha. Noivara com Maria von Wedemeyer poucos meses antes. Com o fracasso do atentado a Hitler, levado a cabo por Stauffenberg em 20 de julho de 1944, Bonhoeffer foi enviado para o campo de concentração de Buchenwald e depois para Flossenbürg. Em 9 de abril de 1945, duas semanas antes da libertação do campo e poucos dias antes do fim da guerra, foi enforcado, nu e com as mãos amarradas — juntamente com Bonhoeffer, foram executados Canaris e Oster. Wedemeyer sobreviveu à guerra, casou-se com o filho de um teólogo e teve dois filhos. Ela morreu em 1977. O martírio de Bonhoeffer e suas ideias sobre Igreja e cristianismo influenciaram profundamente o pensamento religioso protestante no pós-guerra, e o pastor foi considerado um dos maiores teólogos do século XX.

31. O pastor e teólogo Dietrich Bonhoeffer, um dos principais líderes religiosos alemães dentro do movimento de resistência ao nazismo.

MICHAEL VON FAULHABER (1869-1952)
O cardeal

Michael von Faulhaber foi a autoridade católica mais importante na Alemanha a se opor publicamente ao nazismo durante o Terceiro Reich, não obstante muitos de seus protestos fossem controversos, principalmente quanto ao antissemitismo. Nascido na Baviera, era filho de um padeiro. Serviu no Exército por algum tempo, até entrar para o seminário. Foi ordenado padre em 1892 e obteve o doutorado em Teologia três anos depois. Estudou na Inglaterra e na Espanha, antes de assumir a cadeira de Antigo Testamento na Universidade de Estrasburgo, em 1903. Em 1911, Faulhaber foi nomeado bispo de Speyer e, um pouco mais tarde, durante a Primeira Guerra, arcebispo de Munique e Freising, cargo que ocuparia até sua morte. Monarquista convicto, contestou a legalidade da República de Weimar e encampou a teoria da "punhalada nas costas". Em 1921, Faulhaber foi ordenado cardeal e dois anos depois teve os primeiros desentendimentos com Hitler — que tentara tomar o poder na Baviera com o Putsch da Cervejaria — por causa dos violentos ataques nazistas aos judeus. Pouco depois de Hitler ser nomeado chanceler, a Alemanha assinou com a Igreja católica uma "concordata", em que o direito à liberdade de culto seria garantido e as instituições religiosas católicas protegidas. O acordo tinha como objetivo preservar os interesses da Igreja católica, mas inibiu uma oposição aberta ao regime, o que, porém, não impediu protestos individuais, como os de Faulhaber.

Ainda em 1933, o cardeal pregou uma série de sermões na Igreja de St. Michael, em Munique, defendendo os valores cristãos, os princípios humanitários e a tolerância racial contra o nacionalismo desenfreado e o neopaganismo nazista — sermões publicados no ano seguinte, com o título *Judaísmo, cristianismo e germanidade*. O apelo de respeito e proteção à comunidade judaica foi louvável e corajoso, mas a própria Igreja católica tinha dificuldades em esclarecer os limites entre o conceito de judaísmo religioso e racial. Faulhaber, no entanto, continuou a alertar os cristãos contra o "ódio racial" e sobre a ira de Deus contra "os algozes de Seu povo eleito", continuando, assim como a Igreja, a manter uma posição ambígua e confusa.

Em 1936, após um encontro com Hitler em Berchtesgaden, convenceu-se de que o "chanceler do Reich vive, sem dúvida, na crença de Deus" e, por isso, respeitaria os direitos dos fiéis católicos e os princípios do cristianismo.[4] No ano seguinte, uma encíclica papal, parcialmente redigida pelo cardeal, protestou contra as violações nazistas do acordo firmado em 1933. O mesmo Faulhaber apoiou a política externa do Führer e o

Anschluss, no começo de 1938. Em novembro daquele ano, auxiliou o rabino-chefe de Munique a resgatar artigos religiosos da sinagoga, mas não fez pronunciamento oficial algum contra o *pogrom* antissemita realizado em toda a Alemanha — nem ele nem nenhuma outra autoridade católica. Também se recusou a colaborar diretamente com a resistência militar, que já naquele ano tinha esperanças de tirar Hitler do poder. Em 1939, poucos meses após o início da Segunda Guerra, o Führer sobreviveu a um atentado na Bürgerbräukeller, em Munique, e Faulhaber celebrou uma missa por causa do "milagre". Ele saudou a invasão da União Soviética como uma luta contra o ateísmo comunista e, tal como o papa, manteve uma posição pouco clara diante do Holocausto — embora os nazistas o tenham chamado de "amigo dos judeus". Ele morreu em Munique, aos 83 anos de idade, sete anos após o término da Segunda Guerra Mundial.

CLEMENS VON GALEN (1878-1946)
O Leão de Münster

Clemens von Galen foi uma das vozes mais fortes contra Hitler na Igreja católica durante a Segunda Guerra. Nascido em Dinklage, próximo a Osnabrück, ele começou a vida religiosa como capelão do bispo de Münster. Após um período em Berlim, em 1929 retornou à cidade histórica para atuar como padre da Igreja de St. Lamberti. Quatro anos depois, Von Galen foi nomeado arcebispo. Ele se opôs à interferência da Igreja na política, mas não escondeu o desprezo pela propaganda nazista anticristã e criticou abertamente muitas das práticas propostas por Hitler que ele considerava contrárias à doutrina católica. Em 1934, Von Galen escreveu uma refutação ao livro do "filósofo" nacional-socialista Alfred Rosenberg, *O mito do século XX*, publicado anos antes, que exaltava o paganismo e tinha forte conotação anticristã. O texto do arcebispo foi publicado em um suplemento católico que circulou em Colônia e Münster, alcançando centenas de milhares de fiéis alemães.

Apesar das críticas ao regime, um exultante Von Galen jurou lealdade ao Führer, agradeceu e o abençoou quando o ditador desobedeceu ao Tratado de Versalhes e ocupou a zona desmilitarizada da Renânia, em 1936. Durante algum tempo, manteve uma posição enigmática. Quando a Segunda Guerra teve início, três anos depois, defendeu e estimulou o patriotismo entre seus fiéis, embora pregasse contra os sentimentos de vingança e a morte da população civil. Com o desenrolar da guerra, porém, seus sermões passaram a atacar o Estado policial e autoritário, além do programa nazista de eutanásia. Em 3 de agosto de 1941, durante uma pregação na catedral de Münster, Von Galen chamou o Aktion T4 de "assassinato", informando que processaria os responsáveis. Quando tomou conhecimento das declarações, o ministro da Propaganda, Joseph Goebbels, que achava o bispo "mentiroso e um agitador descarado", afirmou que o discurso era "insolente e provocador" e que oportunamente Von Galen pagaria caro pela audácia.[5] O chefe da SS exigiu do Führer sua prisão, e Martin Bormann falou em execução. Goebbels, no entanto, achou que um ataque direto ao bispo naquele momento aumentaria a resistência católica à campanha nazista de recrutamento, e o próprio Hitler evitou uma retaliação, acreditando que um confronto com o religioso seria declarar guerra à Igreja católica. O corajoso Von Galen ganhou o apelido de "Leão de Münster" e continuou a pregar contra o assassinato de pessoas com deficiência mental e física,

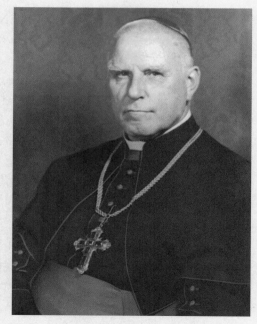

32. O arcebispo de Münster Clemens von Galen.

a desumanidade e a barbárie nazista, até Hitler ser obrigado a desistir do programa — pelo menos oficialmente.

Confinado em Münster e vigiado de perto pela Gestapo, o arcebispo foi finalmente preso após o atentado contra o Führer, em julho de 1944, juntamente com os demais opositores e suspeitos de envolvimento. Enviado para o campo de concentração de Sachsenhausen, lá permaneceu até o fim da Segunda Guerra, quando foi solto pelos Aliados. Von Galen também denunciou a pilhagem institucionalizada e o abuso de soldados norte-americanos e britânicos contra mulheres alemãs. Em fevereiro de 1946, o papa Pio XII ordenou Von Galen cardeal. Um mês depois, ele faleceu em Münster, poucos dias após retornar de Roma. Foi beatificado em 2005.

WILHELM CANARIS (1887-1945)
O conspirador

Wilhelm Canaris era chefe da Abwehr e, ainda assim, foi um dos principais líderes do movimento de resistência. Desde antes da Segunda Guerra, ele não apenas sabotou o serviço secreto alemão, mantendo os Aliados informados sobre os planos de Hitler, como permitiu a fuga de judeus alemães. Sua proximidade com um dos principais artífices do Holocausto, porém, coloca em dúvida sua posição de antinazista. Afinal, ele se mantinha perto de Heydrich por afinidade ou usava o chefe do RSHA como escudo para se proteger?

Filho de um industrial de origem grega, Canaris nasceu no subúrbio de Dortmund. Desde a infância, acreditava ser aparentado com Constantine Kanaris, almirante e herói da independência da Grécia, o que, segundo ele mesmo informou, teve influência na decisão de servir no mar. Em 1905, ele entrou para a Marinha Imperial como cadete. Em uma década, Canaris estava servindo como tenente no cruzador *Dresden*, quando a Primeira Guerra eclodiu na Europa. O navio alemão foi atingido por uma belonave britânica e ele teve a primeira experiência "diplomática": conseguiu tempo para o desembarque da tripulação no Chile. Fugiu do campo de prisioneiros e conseguiu retornar à Europa, onde foi promovido a tenente-capitão. Na sequência, Canaris comandou submarinos no Mediterrâneo e realizou missões de espionagem na Espanha e na Itália. Quando a guerra teve fim, envolveu-se na criação dos Freikorps e na supressão aos movimentos comunistas que resultaram nas mortes de Karl Liebknecht e Rosa Luxemburgo. Nessa época, casou-se com Erika Waag, com quem teria dois filhos. Um pouco depois, conheceu Reinhard Heydrich, na época um jovem oficial no cruzador *Berlin* e hábil violinista, com quem Canaris e a esposa compartilhavam noites musicais. Como não tinha dotes musicais, o futuro almirante servia de *chef* de cozinha. Trabalhando para a inteligência da Marinha, ele tomou conhecimento das agitações promovidas por Hitler. O medo do comunismo, a fragilidade da República de Weimar e o programa nazista que prometia destruir os termos do Tratado de Versalhes, que arruinara a Marinha alemã, aproximaram Canaris do movimento nacional-socialista.

Menos de dois anos depois de Hitler assumir o governo, Canaris foi nomeado chefe da Abwehr, o serviço de inteligência e espionagem militar da Alemanha, uma agência rival do SD, o Serviço de Informações da SS. Não tinha o perfil físico admirado pelos nazistas; era muito baixinho, desajeitado e grisalho, no entanto falava seis idiomas, era astuto e extremamente "xereta" e enigmático — um espião por natureza. Hans Gisevius, da seção de assuntos internacionais da Abwehr, definiu o chefe como sendo "mais astuto que Himmler e Heydrich juntos". Canaris "odiava Hitler e o nacional-socialismo", escreveu Fabian von Schlabrendorff, um jovem advogado que desde o início foi contra o regime nazista e, mesmo tendo publicado diversos artigos contrários às políticas de Hitler, conseguiu sobreviver à guerra.[6] Embora tenha chorado no funeral de Heydrich, em 1942, descrevendo o carrasco como um "grande homem e um verdadeiro amigo", ao diário Canaris confidenciou que o chefe do RSHA havia se transformado em um "fanático cruel", bem diferente dos tempos de Marinha. Mesmo trabalhando em serviços de inteligência rivais, os dois ex-companheiros continuaram se encontrando regularmente entre 1935 e o começo da Segunda Guerra Mundial —

"ouviam música juntos, viam-se muito e um espionava o outro", relatou mais tarde um integrante da Abwehr. Não obstante tivesse fornecido informações para Hitler sobre a situação militar das potências estrangeiras — muitas delas falsas —, ele fez o mesmo para os Aliados, deixando vazar dados da Alemanha para fora do país. Foi assim que os britânicos souberam com antecedência das operações militares nazistas entre 1938-41.

O contato com Hitler e o OKW o deixava em posição privilegiada dentro do Terceiro Reich — o Führer achava que Canaris era "um chefe de espionagem incomparável", mas só isso não era garantia de sucesso.[7] Muitos acreditam que ele só manteve contato íntimo com Heydrich, assim como constantemente manifestava apreço ao nacional-socialismo, para poder afastar os homens do SD de seus agentes. Na verdade, o que nem o ditador nem os capangas de Himmler sabiam era que a Abwehr reunia muitos dos principais conspiradores — além de Canaris e Gisevius, Bonhoeffer, Dohnanyi e o general Hans Oster também trabalhavam para o serviço de inteligência e espionagem e mantinham contato direto com as altas patentes do Exército. O tenente-general Reinhard Gehlen, oficial de inteligência da Wehrmacht na Frente Oriental, chamou a Abwehr de "Família Canaris Companhia Limitada".

Desde o início da guerra, Canaris vinha reunindo dossiês sobre os crimes da SS, especialmente os perpetrados na Polônia e na União Soviética. Contudo, a resistência falhou repetidamente na tentativa de assassinar Hitler. Em janeiro de 1944, Himmler conseguiu convencer Hitler de que Canaris fazia jogo duplo. O Führer extinguiu a Abwehr, suas funções foram absorvidas pelo RSHA, liderado agora por Walter Schellenberg, e o almirante foi posto em prisão domiciliar. Quando a última tentativa de matar Hitler na Prússia Oriental falhou, Canaris foi preso em Berlim e enviado para o campo de concentração de Flossenbürg. No começo de abril de 1945, seus diários foram encontrados. Hitler, então a par do conteúdo, ordenou a execução de seu ex-espião favorito. Um "tribunal militar" em Flossenbürg confirmou a sentença. Humilhado, nu e com o nariz quebrado pelo espancamento, Canaris foi executado no dia 9 daquele mês.

Precisou ser levantado e abaixado diversas vezes. "O pequeno almirante durou muito tempo", disse um observador. Tinha 58 anos. Somente em 1996, um tribunal alemão anulou a sentença dada mais de cinco décadas antes, em um campo de concentração nazista. Sua esposa morreu em 1970.

CLAUS VON STAUFFENBERG (1907-44)
A honra do Exército

Como chefe do Estado-Maior do Exército de Reserva, Claus von Stauffenberg foi a figura-chave da resistência na Wehrmacht e o principal personagem do complô de julho de 1944. Depois de inúmeras tentativas de assassinato e sucessivos fracassos, o próprio coronel decidiu colocar a bomba sob a mesa de mapas de Hitler, na Toca do Lobo.

Nascido no meio da nobreza suábia, o conde Stauffenberg descendia de uma tradicional linhagem de aristocratas militares — seu pai fora camarista do último rei de Württemberg e sua mãe era neta do célebre general August von Gneisenau, herói das guerras napoleônicas. Com um título de nobreza, católico devoto, bem-educado, amante da cavalaria e esportista, ele se decidiu pela carreira militar, entrando como cadete no prestigiado Regimento de Cavalaria de Bamberg em 1926. Embora fosse monarquista e, como nacionalista, acreditasse no ressurgimento do poderio alemão, Stauffenberg não era um entusiasta do nazismo, tampouco um opositor. Pouco depois da chegada de Hitler à Chancelaria, ele se tornou capitão do Exército. Nessa época, ele se casaria com Magdalena "Nina" von Lerchenfeld, também da nobreza alemã, nascida na Rússia tsarista, com quem teria cinco filhos entre 1934 e 1945. A Noite dos Cristais, em 1938, porém, colocou em xeque a crença de Stauffenberg no nacional-socialismo, embora ele ainda manifestasse preconceito contra os judeus nos anos seguintes. Seu comandante na época era o general Panzer Erich Hoepner, influente dentro do círculo de resistência.

Quando a Segunda Guerra teve início, Stauffenberg serviu na 6ª Divisão Panzer, na Polônia e na França, onde chegou a major e membro do

Estado-Maior Geral do Exército. A experiência na Frente Oriental o deixou chocado; as ações dos Einsatzgruppen e a matança deliberada de civis com o consentimento da Wehrmacht eram imorais e inaceitáveis; o nazismo havia manchado a honra do Exército alemão. Stauffenberg estava na África, já como tenente-coronel e oficial de Operações, quando foi ferido em um ataque aéreo, em abril de 1943. Perdeu o olho esquerdo, a mão direita e dois dedos da mão esquerda. Enquanto se recuperava, foi enviado a Berlim, para o Exército de Reserva, onde conheceu o major-general Henning von Tresckow, um dos mais ativos e decididos membros da resistência, e o general Friedrich Olbricht, seu superior no comando e também envolvido com a conspiração. Determinado a dar fim ao "mestre dos vermes", Stauffenberg assumiu a responsabilidade de eliminar o líder nazista. No ano seguinte, com a Operação Valquíria alterada e modificada de modo a ajudar os planos da resistência, ele deu início a uma série de tentativas de assassinar Hitler para que o Exército assumisse o controle do país.

Nos dias 6 e 11 de junho de 1944, visitou Hitler no Berghof, na Baviera, mas a ausência de Himmler, que deveria morrer junto, adiou o atentado. No dia 15, Stauffenberg chegou à Toca do Lobo, em Rastenburg, disposto a explodir Hitler e seu Estado-Maior. Contudo, mais uma vez a ausência do chefe da SS protelou a tentativa. A oportunidade seguinte teve lugar em 20 de julho de 1944 e foi o mais grave de todos os atentados contra o Führer. Stauffenberg teve acesso à sala de reuniões da Toca do Lobo e colocou sob a mesa de mapas uma valise com explosivo plástico fornecido pela Abwehr e dois detonadores para garantir que não haveria falhas. Às 12h42, o barracão de madeira foi sacudido por uma violenta explosão. Houve feridos e mortos, mas Hitler, que tivera a bomba quase junto aos pés, sobreviveu. Salvo algumas queimaduras e alguns arranhões, mais uma vez ele escapou de um atentado.

Stauffenberg, porém, acreditando na morte do ditador, voou para Berlim e desencadeou a Operação Valquíria. Foi em vão; com o Führer ainda vivo, a Alemanha não estava preparada para acabar com a guerra. Os principais nomes do movimento, Ludwig Beck e Tresckow, cometeram suicídio. Stauffenberg foi preso e fuzilado na madrugada do dia 21 de julho pelo general Friedrich Fromm, um conspirador que tentou apagar sua participação no complô. Antes de morrer, gritou: "Viva nossa sagrada Alemanha!" Tinha 37 anos.

Nos meses seguintes, dezenas foram presos e torturados. "Quero que sejam pendurados como animais no açougue", ordenou Hitler.[8] As execuções dos conspiradores, na prisão de Plötzensee, estrangulados com cordas de piano e ganchos de açougue presos em um trilho no teto, foi documentada para que o Führer pudesse assistir depois.

33. Stauffenberg (à esquerda, de perfil) com Hitler (ao centro) e Keitel (à direita), na Toca do Lobo, dias antes do atentado a bomba, em julho de 1944.

Todos os membros das famílias dos irmãos do coronel Stauffenberg que puderam ser encontrados foram executados — entre eles uma criança de três anos e um idoso de 85 anos. O mesmo ocorreu com as famílias dos demais participantes. Pelo menos duzentas pessoas diretamente ligadas ao atentado de 20 de julho foram executadas; poucas se salvaram.

Surpreendentemente, a esposa e os filhos de Stauffenberg escaparam da fúria de Hitler. A condessa Nina estava grávida de poucos meses. Ela foi mantida como refém até o final da guerra, quando foi libertada. Morreu em 2006, aos 92 anos.

7

NAZISTAS NO BRASIL

Desde o começo do século XIX, o Brasil atraíra grandes levas de imigrantes de idioma alemão. Especialmente na Região Sul, uma grande colônia germânica foi se estabelecendo ao longo dos anos, possibilitando um intenso intercâmbio cultural e comercial. A presença da Igreja protestante facilitou a entrada de pastores estrangeiros e material em língua alemã no Brasil, assim como aproximou empresários europeus e nacionais. Entre as décadas de 1920 e 1930, mais de 75 mil alemães chegaram ao país. Um grande número de empresas alemãs estava associado a grupos brasileiros ou mantinha filiais no país, nas mais diversas áreas, incluindo áreas estratégicas, na indústria e nos transportes — os alemães dominavam o correio aéreo, além de manter um vasto sistema de transporte marítimo e projetos ferroviários.

À medida que o nazismo crescia na Alemanha, as ideias de Hitler se espalhavam pelo mundo germânico, levadas por imigrantes, religiosos, empresários, industriais e representantes comerciais e diplomáticos. Antes mesmo da chegada do nacional-socialismo ao poder na Alemanha, o Brasil já contava com uma seção do Partido Nazista, criada em 1928, em Benedito Timbó, então distrito de Blumenau, em Santa Catarina. Foi o primeiro grupo fora do território alemão a ser reconhecido pelas lideranças do partido em Munique. No começo da década de 1930, o número de adeptos fora da

Europa era tão grande que foi criada uma "Organização do Partido Nazista no Exterior"(NSDAP-AO, na sigla em alemão), que estaria presente em mais de oitenta países e reuniria aproximadamente 29 mil integrantes. A sede brasileira estava localizada inicialmente no Rio de Janeiro, mas em 1934 se mudou para São Paulo, onde havia mais filiados ao partido. A liderança coube ao representante comercial e adido da Embaixada alemã no país, Hans Henning von Cossel. Até 1937, quando Getúlio Vargas deu um golpe no próprio governo e decretou o Estado Novo, o Brasil contava com 2.903 partidários nazistas registrados no país. Além dos membros formais, todos alemães, um número considerável de simpatizantes nascidos no Brasil, mas com alguma ligação com a Alemanha, esteve envolvido com atividades nazistas, entre as quais publicações em periódicos (como o *Deutscher Morgen*), desfiles e diversas outras manifestações.

Quando a Segunda Guerra Mundial teve início, o Brasil foi alvo de ações de espionagem que envolveram firmas e empresários alemães que atuavam no país. Tudo com a anuência dos embaixadores Karl Ritter e Curt Prüfer. Em 1942, quando Vargas declarou o Estado de beligerância, teve início a caça aos quintas-colunas, traidores, espiões e estrangeiros que trabalhavam para os nazistas ou poderiam atuar em prol da Alemanha. O governo criou diversos campos de concentração em São Paulo, no Rio de Janeiro e nos três estados sulistas, encarcerando milhares de pessoas — na Igreja luterana, pouco mais de trinta pastores nascidos na Alemanha estavam ligados ao nazismo, bem como um número desconhecido de padres também manteve relação próxima com nacional-socialistas ou esteve envolvido em espionagem, principalmente em cidades estratégicas, como a capital do país e os grandes portos.

Com auxílio norte-americano e a instalação de uma base militar no Nordeste, aos poucos a ação nazista no Brasil foi perdendo força. Quando a Segunda Guerra terminou, as redes de espionagem e células nazistas no Brasil já haviam sido desarticuladas. O país, porém, passou a ser o destino de muitos criminosos de guerra que fugiam das tropas Aliadas ou da Justiça em seus países de origem. Várias organizações não nazistas deram apoio à fuga, como o Vaticano. O bispo Alois Hudal, chefe de uma congregação austro-alemã que organizou rotas de fuga, as chamadas "rotas dos ratos", forneceu passaportes e vistos falsos para os criminosos e suas famílias. Por meio da "Rota dos Conventos" (via Roma-Gênova) ou da "Conexão Suíça" (por Berna), chegaram à América do Sul fugitivos importantes da hierarquia nazista, como Adolf Eichmann, um dos organizadores da Solução Final, e Josef Mengele, o sádico médico-chefe de Auschwitz. Durante os anos 1960 e ao longo das décadas seguintes, muitos oficiais da SS acabaram sendo encontrados e presos em países sul-americanos, como Klaus Barbie, na Bolívia, e Erich Priebke e Walter Kutschmann, na Argentina. Além de Mengele, que conseguiu escapar das garras da Justiça, pelo menos quatro criminosos de guerra nazistas viveram no Brasil: Franz Stangl, Gustav Wagner e Herberts Cukurs.

JOSEF MENGELE (1911-79)
O Anjo da Morte

Seja por sua atuação em Auschwitz ou mesmo por sua capacidade de escapar das garras da Justiça durante mais de três décadas, Josef Mengele é provavelmente um dos nomes mais conhecidos dentre os oficiais nazistas relacionados diretamente ao Holocausto. No Brasil, a notoriedade do "Anjo da Morte", como Mengele ficou conhecido, supera até mesmo a do comandante do campo onde ele realizou diversas experiências médicas macabras.

Nascido na pequena Günzburg, na Baviera, ele era filho de um engenheiro, proprietário de uma fundição que fabricava equipamentos agrícolas. Pensou em estudar Odontologia, mas optou por Antropologia. Depois de estudar Filosofia em Munique, Mengele formou-se em Medicina na Universidade de Frankfurt am Main. Ardoroso nacionalista e convencido da ideologia racial nazista, obteve o doutorado em 1935, com a tese "Análise morfológica da parte anterior do maxilar inferior em quatro grupos raciais". Um pouco mais tarde, tornou-se membro e pesquisador no Instituto para Hereditariedade, Biologia e Pureza Racial, da Universidade de Frankfurt, onde teve contato com o professor Otmar von Verschuer, um dos mais importantes geneticistas europeus e futuro diretor do Instituto Kaiser Wilhelm de Antropologia — a despeito de suas atividades durante o Terceiro Reich, após a guerra, Verschuer continuou vivendo como respeitado professor de Genética na Universidade de Münster.[1]

Em 1938, Mengele se filiou ao Partido Nazista e um ano depois à SS, onde alcançaria o posto de SS-Hauptsturmführer, o equivalente a capitão no Exército. Nesse período, casou-se com Irene Schönbein, com quem teria um único filho, Rolf, nascido em 1944. Durante a Segunda Guerra Mundial, entrou para a Waffen-SS e serviu como oficial médico na França e na Frente Oriental, sendo condecorado várias vezes. Ferido em Rostov, em 1942 foi enviado de volta a Berlim. Na capital, Mengele conseguiu, por indicação de Verschuer, uma promoção e a indicação para o cargo de médico-chefe do campo de extermínio de Auschwitz. O jovem médico de 32 anos chegou ao campo da morte em maio de 1943. Com os prisioneiros do campo à disposição, Mengele deu livre curso a ensaios médicos sinistros. De Auschwitz ele enviava para o Instituto Kaiser Wilhelm "materiais experimentais", que incluíam sangue, olhos e outras partes do corpo. Tudo como parte do estudo sobre especificidade racial e tipos sanguíneos. Mengele tentou desenvolver métodos de esterilização em massa e realização de transplantes; também testou soros e drogas, incluindo injeções de clorofórmio no coração de prisioneiros cuidadosamente selecionados. Tinha uma coleção de ossadas e cálculos de vesículas; fez anões, corcundas, ciganos e outros de cobaias. O galpão 14, no campo F, em Birkenau, foi apelidado de "Zoo". Sua predileção, porém, eram os gêmeos e as pessoas de olhos azuis. Acompanhou partos (antes de enviar mães e filhos para as câmaras de gás), dissecou e realizou todos os testes impossíveis para a medicina ética, esperando criar métodos de seleção racial que pudessem assegurar a reprodução da "raça ariana".

Apesar dos reveses da guerra, Mengele continuou suas atividades até que os soviéticos se aproximassem de Auschwitz. Em janeiro de 1945, foi transferido para Gross-Rosen, levando consigo caixas de amostras e registros médicos que, acreditava, revelariam sua genialidade para a posteridade. Com documentos falsos, foi feito prisioneiro pelos norte-americanos e libertado pouco tempo depois, permanecendo escondido na Alemanha até 1949. Auxiliado por ex-membros da SS e financiado pela empresa da família, Mengele conseguiu deixar a Europa e chegar a Buenos Aires com um passaporte da Cruz Vermelha. A esposa, envolvida com outro homem, permaneceu na Alemanha com o filho do casal — o divórcio formal só foi realizado em 1954.[2]

Com a ajuda de várias pessoas, ele viveu em muitos lugares na Argentina, no Paraguai e no Brasil, onde se estabeleceu no final da década de 1960. Nesse período, foi casado e se divorciou da viúva de um irmão, Martha Will, e com o dinheiro do pai criou empresas e passou a usar o nome verdadeiro. Embora procurado por autoridades internacionais, como o Serviço Secreto Israelense (Mossad) e o conhecido "caçador de nazistas" Simon Wiesenthal, Mengele fez viagens ao Uruguai e à Europa; em São Paulo, chegou a receber a visita do filho, Rolf, que morava na Alemanha. Viveu sem ser importunado.

Numa visita a uma família de amigos no litoral paulista, em 1979, sofreu um derrame enquanto nadava em uma praia de Bertioga, vindo a falecer. Em 1985, o corpo do sádico médico nazista foi exumado e legistas asseguraram que a ossada pertencia a um dos criminosos mais procurados no mundo. Sete anos depois, exames de DNA comprovaram que se tratava mesmo de Mengele.

34. Josef Mengele, ao centro, Rudof Höss, comandante de Auschwitz, à direita, e um oficial do campo de extermínio, 1944.

FRANZ STANGL (1908-71)
O comandante de Sobibor e Treblinka

Um dos mais eficientes e terríveis oficiais nazistas, Franz Stangl nasceu em Altmünster, na Áustria, filho de um vigia noturno. Depois de perder o pai, na adolescência, estudou tecelagem e conseguiu o diploma de mestre-tecelão em 1927. Quatro anos depois, porém, ingressou na polícia austríaca e no Partido Nazista, ainda ilegal na Áustria. Em 1935, foi aceito na Polícia Criminal, como investigador em Wels, e se casou com Theresa Eidenböck, com quem teria três filhas entre 1936 e 1944. No Anschluss, Stangl foi designado para o Escritório Judaico, gerenciado pelo RSHA através da Gestapo, e entrou para a SS, na qual chegaria ao posto de SS-Hauptsturmführer, o equivalente a capitão. Em novembro de 1940, deu início a sua história de assassinato quando foi nomeado policial superintendente de uma das instituições do Aktion T4, no castelo de Hartheim, próximo a Linz, onde pessoas com deficiência física ou mental, além de prisioneiros políticos, eram assassinadas.

No início de 1942, Stangl foi enviado para a Polônia a fim de colaborar com Odilo Globocnik na Operação Reinhardt, que visava ao aniquilamento dos judeus no país ocupado pelos nazistas. Depois de visitar Bełżec e inteirar-se dos procedimentos, em maio assumiu o comando do campo de extermínio de Sobibor. Depois de apenas quatro meses, cerca de 100 mil judeus haviam sido assassinados. A esposa de Stangl, uma católica devota que detestava o nacional-socialismo e chamava os seguidores de Hitler de "porcos", visitou o campo e, horrorizada, exigiu que o esposo abandonasse o posto — o odor de carne humana queimada que exalava das chaminés era terrivelmente forte. Theresa não acreditava que tamanha barbárie era possível, mas Stangl lhe garantiu que ele apenas "supervisionava" a segurança do campo. É difícil acreditar que ela tenha aceitado essa desculpa. Em setembro de 1942, ele foi transferido para Treblinka, um dos maiores campos de extermínio da Europa. Reconhecido como administrador eficiente e importante figura dentro do projeto nazista de assassinato em massa, Stangl recebeu uma comenda oficial como o "melhor comandante de campos na Polônia".

Sempre impecavelmente vestido, com uma voz macia e suave, educado e tranquilo, não fazia o papel de sádico como Mengele em Auschwitz, mas era arrogante e atuava com frieza extrema em seu "trabalho". Três décadas depois da guerra, contaria à jornalista Gitta Sereny que via as vítimas como "carga" e "carne", e que sua atividade não tinha relação alguma com "humanidade" — era uma "questão de sobrevivência". Cinicamente, relatou que os judeus eram fracos demais, uma "enorme massa" que se deixava matar sem reação, "nus, todos juntos, correndo e sendo conduzidos com chicotes".[3] Entretanto, depois de uma rebelião de prisioneiros, em agosto de 1943, Treblinka foi desativado. Em quatorze meses, o campo assassinara cerca de 800 mil judeus, mais de 55 mil pessoas por mês.

Stangl foi, então, enviado para Trieste, no noroeste da Itália, para ajudar na luta contra guerrilheiros iugoslavos, e depois para o vale do Pó, onde coordenou trabalhadores italianos sob controle alemão — posteriormente, ele afirmou ter certeza de que o envio de homens como ele para uma área com tantos guerrilheiros atuando era uma "queima de arquivo" realizada pela SS. No entanto, Stangl sobreviveu, e em 1945 foi capturado pelo Exército norte-americano. Entregue aos austríacos e transferido para uma prisão em Linz, em 1947, seria julgado por seu envolvimento no programa de eutanásia nazista. Sem dificuldades, porém, Stangl conseguiu escapar para a Itália com Gustav Wagner, seu auxiliar em Sobibor. Em Roma, onde um conhecido defensor de Hitler e do nacional-socialismo, o bispo Hudal, chefe da Congregação Santa Maria dell'Anima, criara uma rota de fuga para oficiais nazistas, Stangl conseguiu um passaporte da Cruz Vermelha e obteve permissão para morar em Damasco, na Síria. Lá, o ex-capitão da SS recebeu a família e trabalhou por três anos como mecânico em uma fábrica têxtil.

Em 1951, depois que um chefe de polícia local se interessou por uma das filhas do casal, Stangl emigrou com a família para o Brasil. Em São Paulo, trabalhou na indústria têxtil e na Volkswagen, enquanto a mulher atuava na Mercedes. Vivendo sem ocultar a verdadeira identidade, em 1961 o nome dele apareceu em uma lista de criminosos procurados pelas autoridades austríacas e por Simon Wiesenthal. Em fevereiro de 1967, Stangl foi preso pela polícia brasileira em sua residência no Brooklin. Extraditado para a Alemanha Ocidental, ao deixar o Brasil ele afirmou que nunca havia mandado matar ninguém e que retornaria ao país como "homem livre". Condenado à prisão perpétua por um tribunal alemão em 1970, Stangl morreu de insuficiência cardíaca na cela, em Düsseldorf, no ano seguinte. Tinha 63 anos.

35. A prisão de Franz Stangl, comandante dos campos de extermínio de Sobibor e Treblinka, é notícia no *Correio da Manhã*, em 1967. O criminoso de guerra chegou ao Brasil em 1951.

GUSTAV WAGNER (1911-80)
A Besta de Sobibor

Nascido em Viena, Gustav Wagner teve uma trajetória semelhante à de seu compatriota Franz Stangl, o comandante de Treblinka, embora fosse terrivelmente mais cruel e sádico. Wagner aderiu ao Partido Nazista austríaco em 1931, envolvendo-se em uma série de atividades clandestinas, como pichar suásticas e distribuir panfletos antissemitas. Depois de algumas detenções, em 1934 conseguiu atravessar a fronteira alemã e se juntar à SA e depois à SS, sendo designado guarda de campo. Seis anos depois, integrando o programa de eutanásia de Hitler, Wagner foi designado para o castelo de Hartheim (também local de trabalho de Franz Stangl). Quando a SS começou a construir o campo de extermínio de Sobibor, em março de 1942, ele foi selecionado para atuar como auxiliar do comandante — o campo se tornou operacional em maio, com a chegada do SS-Hauptsturmführer Stangl.

Encarregado da "seleção" de prisioneiros nas rampas de acesso ao campo, o SS-Oberscharführer, patente correspondente à de primeiro-sargento, era o responsável por decidir entre a vida e a morte dos recém-chegados. O subcomandante Wagner não apenas assassinou pessoalmente muitos detentos, como também incitou outros a espancar e matar prisioneiros — no verão de 1942, segundo depoimentos, ele chicoteou um grupo de duzentos prisioneiros judeus, dependurando dois deles pelos pés e executando uma mulher com uma criança no colo. Por seu sadismo e sua lealdade à SS, era reconhecido como um dos mais brutais homens dos campos da morte. Sobreviventes relataram depois da guerra que ele matava diariamente, com requintes de crueldade indescritíveis, a tiros, com machados ou pás — e até com as próprias mãos. Para ele, afirmou uma testemunha, "torturar e matar eram um prazer". Ele mesmo diria mais tarde que "não tinha sentimentos" e que à noite nunca discutia seu trabalho, "apenas bebia e jogava cartas". Não por acaso, Wagner foi alcunhado de "a Besta de Sobibor" ou "Besta Humana". No Brasil, a imprensa o chamaria de "o Demônio de Sobibor".[4]

Em outubro de 1943, porém, Wagner não estava em Sobibor quando uma revolta resultou na fuga de centenas de prisioneiros. Himmler ordenou o fechamento do campo que, em dezenove meses de operação, havia executado aproximadamente 200 mil prisioneiros. Assim, como Stangl, Wagner foi enviado para atividades na Itália. No fim da guerra, caiu prisioneiro dos Aliados, mas foi libertado logo em seguida. Portando documentos falsos, desapareceu do controle das autoridades, encontrando emprego em Graz, na Áustria. Encontrou-se com Stangl e ambos seguiram para Roma. Com a ajuda do Vaticano, ele chegou à Síria e, em abril de 1950, ao Brasil. Em São Paulo, sem ser importunado, Wagner passou a viver em um sítio em Atibaia.

Na década de 1970, Simon Wiesenthal o encontrou. O polonês plantou uma informação falsa em um jornal brasileiro, informando que Wagner estivera em uma festa para celebrar o aniversário de Hitler, em 20 de abril. Devido à enorme repercussão — e provavelmente com medo de ser capturado e assassinado pelo Mossad —, o nazista se entregou

36. Gustav Wagner, a "Besta de Sobibor", chegou ao Brasil em 1950 e viveu no país, sem ser importunado, até a década de 1970. Ele se entregou à polícia em 1978.

à polícia brasileira em maio de 1978. Israel, Alemanha Ocidental, Áustria e Polônia solicitaram sua extradição, mas o governo brasileiro rejeitou todos os pedidos, afirmando que os crimes de Wagner haviam prescrito, conforme a lei brasileira — que em pleno regime militar ainda não adotara o direito internacional. No ano seguinte, o Supremo Tribunal Federal também recusou a extradição.

Enquanto isso, Wagner tentou o suicídio várias vezes — engoliu os cacos quebrados das lentes de seus óculos e se atirou contra as grades da cela, tendo fraturas na cabeça. Solto sob protestos internacionais, estava em uma clínica geriátrica quando tentou novamente se matar. Em outubro de 1980, de volta ao sítio de Atibaia, finalmente conseguiu acabar com a própria vida, cravando no coração uma faca usada para esquartejar porcos. Wagner tinha 69 anos e nunca demonstrou remorso por seus crimes.

HERBERTS CUKURS (1900-65)
O Açougueiro de Riga

Nascido às margens do mar Báltico, a mais de duzentos quilômetros de Riga, capital da Letônia, Herberts Cukurs era considerado um herói nacional até o início da Segunda Guerra Mundial. Lutara na Primeira Guerra, fora condecorado e estivera envolvido com movimentos bolchevistas e de extrema esquerda durante a guerra civil que se seguiu à Revolução Russa, mas pouco depois entrou para a Força Aérea letã, onde chegou a projetar e construir os próprios aviões. Na década seguinte, fez pelo menos dois voos internacionais percorrendo grandes distâncias — entre Riga e a Gâmbia, na África Ocidental, e entre Riga e Tóquio, no Japão —, o que o tornou mundialmente famoso.

Quando Hitler deu início à Operação Barbarossa, Cukurs se juntou às forças-tarefa da SS organizadas para assassinar judeus no Leste Europeu. Em julho de 1941, ele integrou o chamado Comando Arajs, um bando de voluntários extremistas liderado pelo letão Viktors Arajs, um fanático antissemita que agia sob orientação do SD nazista e tinha o posto de SS-Sturmbannführer, o equivalente ao de major no Exército. O grupo se tornou conhecido pela brutalidade com que tratou a comunidade judaica de Riga. Testemunhas lembram que Cukurs percorria o bairro judeu da capital letã despindo jovens mulheres e atirando em seus pés após ordenar que corressem nuas pelas ruas — muitas das que sobreviveram tiveram as pernas amputadas. Ele também se dedicou a saquear joias e objetos de valor das famílias ricas.

Quando os alemães ordenaram a deportação dos judeus para os campos de extermínio, Arajs e Cukurs organizaram execuções no bosque de Rumbula, aniquilando milhares de integrantes do gueto de Riga — mais de 10 mil pessoas. Na grande sinagoga local, na rua Gogol, muitos artefatos e pergaminhos sagrados foram destruídos em ações perpetradas pelo bando de Arajs. Antes de lançar granadas e incendiar o edifício histórico, no entanto, Cukurs ordenou que um grupo de quase trezentos judeus, que não conseguira fugir do avanço da Wehrmacht e se refugiara ali, fosse trancado dentro da sinagoga. Ao todo, é estimado que o Arajs possa ter assassinado 30 mil judeus. Cukurs foi chamado de "Carrasco de Riga" ou "Açougueiro de Riga".

Encerrada a guerra, Cukurs conseguiu atravessar a Alemanha e alcançar a França, onde obteve visto para entrar e permanecer no Brasil. Em março de 1946, desembarcou no país alegando que fugira dos comunistas tentando salvar mulheres judias. Com ele, estavam a esposa e os três filhos do casal, além da sogra e de uma jovem judia. Usando seu nome verdadeiro, sob proteção do Departamento de Ordem Política e Social (Dops), e com bom relacionamento com a Aeronáutica e a Marinha devido a sua história como piloto e à profissão de engenheiro, Cukurs passaria duas décadas no Brasil. No Rio de Janeiro, construiu os pedalinhos e organizou passeios na lagoa Rodrigo de Freitas; em São Paulo, no bairro de Interlagos, investiu numa empresa de lanchas e hidroaviões de aluguel.

37. Documentação usada por Cukurs para entrar no Brasil, em 1945.

Nos anos 1950, porém, a imprensa e a comunidade judaica se mobilizaram para que o "homem dos pedalinhos" fosse levado a julgamento por atrocidades cometidas na Europa. As autoridades, no entanto, nunca incomodaram o letão, que, por segurança, se mudou de estado e recebeu da polícia brasileira o direito de portar armas. Em fevereiro de 1965, porém, o Mossad chegou até ele. Atraído por um agente israelense (que usava o pseudônimo de Anton Kuenzle) para o que imaginou ser uma reunião de negócios em Montevidéu, no Uruguai, Cukurs foi executado pelo Grupo de Operações Especiais de Israel. Seu corpo foi colocado dentro de um baú e trancafiado. Dias depois, a polícia uruguaia encontrou o cadáver e um bilhete, que responsabilizava Cukurs pela morte de milhares de homens, mulheres e crianças, assassinados com "terrível crueldade". O bilhete fora assinado por "aqueles que nunca esquecem".[5]

Dramatis Personae

A lista a seguir inclui nomes ligados à história do Terceiro Reich e que de alguma maneira foram citados com destaque no livro. Os nomes constam em ordem alfabética, com indicação de nascimento e morte, seguidos de uma breve biografia, com postos e período de atuação — por uma série de motivos, muitas vezes incompletos. No final, as patentes da SS estão em uma tabela correspondente às da Wehrmacht. Cargos, abreviaturas e outros termos constam no glossário.

ADENAUER, Konrad (1876-1967). Prefeito de Colônia (1917-33) e opositor do nazismo, foi preso duas vezes pela Gestapo; político da União Democrata-Cristã (CDU), foi chanceler da Alemanha Ocidental (1949-63). Visitou a URSS em 1955, o que possibilitou a libertação de prisioneiros de guerra ("Volta ao Lar dos Dez Mil").

AMANN, Max (1891-1957). Reichsleiter (1933-45); SS-Obergruppenführer; membro do NSDAP (1921); jornalista, foi diretor da Franz-Eher-Verlag, editora oficial do NSDAP; chefe do RPK (1933-45). Presente no Führerbunker. Preso, julgado e condenado; libertado em 1953.

ARNIM, Hans-Jürgen von (1889-1962). Coronel-general; comandante do Afrikakorps (1943). Preso pelos britânicos na África (1943), foi libertado em 1947.

AXMANN, Arthur (1913-96). Membro da HJ e NSSB (1928) e do NSDAP (1931); Reichsjugendführer da HJ (1940-45). Em 1943, criou a SS Panzer Hitlerjugend, divisão composta por membros da HJ (com dezesseis anos). Foi preso e condenado por um tribunal de desnazificação a três anos e meio de detenção. Escreveu um livro de memórias.

BAUR, Hans (1897-1993). Membro do NSDAP (1926) e da SS (1933); SS-Gruppenführer e tenente-general de polícia; piloto particular de Hitler (1932-45). Preso pelos soviéticos, foi libertado em 1955. Mais no capítulo 3.

BECK, Ludwig (1880-1944). Coronel-general; chefe do Estado-Maior do Alto-Comando do Exército (1935-38). Demitiu-se por não aprovar a anexação dos Sudetos. Uma das figuras centrais entre os conspiradores de 20 de julho de 1944, foi-lhe permitido cometer suicídio na madrugada do dia 21.

BELOW, Nicolaus von (1907-83). Coronel-adjunto da Luftwaffe junto a Hitler (1937-45); presente no Führerbunker. Escreveu um livro de memórias.

BETZ, Georg (1903-45). Membro da SS (1932); SS-Obersturmbannführer, copiloto e piloto reserva de Baur como piloto particular de Hitler. Esteve no Führerbunker, sendo morto após a tentativa de fuga.

BLASCHKE, Hugo (1881-1959). Membro do NSDAP (1931) e da SS (1935); dentista-chefe da SS (1943); SS-Brigadeführer; dentista pessoal de Hitler (1938-45), assim como de Eva Braun, Himmler e Goebbels. Preso pelos norte-americanos, foi posto em liberdade em 1948.

BLOMBERG, Werner von (1878-1946). Marechal de campo; ministro da Defesa (1933-35) e da Guerra (1935-38). Em 1938 casou-se com uma ex-prostituta, 34 anos mais nova do que ele, e caiu em desgraça, sendo demitido. Morreu prisioneiro dos norte-americanos. Ver Crise Blomberg-Fritsch, na página 195.

BONHOEFFER, Dietrich (1906-45). Pastor e teólogo luterano, antinazista e membro da resistência. Foi preso pela Gestapo em 1943 e enforcado no KZ Flossenbürg em 1945. Mais no capítulo 6.

BORMANN, Martin (1900-45). Membro do NSDAP (1927); Reichsleiter (1933-45); secretário de Hitler para o NSDAP (1933-41); chefe da Chancelaria do Partido (1941-45); secretário privado do Führer (1943-45); foi morto ou cometeu suicídio ao deixar o Führerbunker, sendo julgado em Nuremberg e condenado à morte por enforcamento por crimes de guerra e contra a humanidade (*in absentia*). Mais no capítulo 2.

BOSS, Hugo (1885-1948). Design de moda e empresário; membro do NSDAP (1931), fundador da empresa Hugo Boss AG, responsável pela produção dos uniformes da SA, SS, HJ e Wehrmacht.

BOUHLER, Philipp (1899-1945). Reichsleiter (1933-45); chefe da Chancelaria do Führer e do NSDAP (1934-45); SS-Obergruppenführer na Allgemeine SS. Foi o organizador do Aktion T4, programa de eutanásia do regime (1939-41). Foi preso, cometendo suicídio antes do julgamento.

BRANDT, Karl (1904-48). Médico-assistente de Hitler (1934-45); SS-Gruppenführer na Allgemeine SS, SS-Brigadeführer da SS e major-general da Waffen-SS como comissário-geral do Reich para Saúde e Saneamento. Foi um dos organizadores do Aktion T4, programa de eutanásia do regime (1939-41). Foi julgado em Nuremberg, condenado e enforcado.

DRAMATIS PERSONAE

BRAUCHITSCH, Walter von (1881-1948). Marechal de campo, chefe do OKH (1938-41). Morreu de pneumonia antes de ser processado.

BRAUN, Eva (1912-45). Assistente do fotógrafo Heinrich Hoffmann; companheira de Hitler (1930-1945) e esposa do ditador nas últimas horas de vida. Presente no Führerbunker. Mais no capítulo 1.

BRAUN, Werner von. Engenheiro; membro do NSDAP (1937); SS-Sturmbannführer da Allgemeine SS (1940), um dos responsáveis pelo desenvolvimento do foguete V-2 durante a guerra; levado para os Estados Unidos, ganhou a cidadania norte-americana (1955) e foi responsável pelo desenvolvimento do foguete Saturno V. Seu pai, Magnus von Braun (1878-1972), foi ministro do RMEL (1932-33). Mais no capítulo 5.

BRÜCKNER, Wilhelm (1884-1954). Membro do NSDAP e da SA (1922), ajudante-chefe de Hitler (1934-40); participou do Putsch da Cervejaria (1923); SA-Obergruppenführer e coronel do Exército.

CANARIS, Wilhelm (1887-1945). Almirante; chefe da Abwehr (1935-44). Esteve envolvido na resistência que resultou no atentado a Hitler em 20 de julho de 1944. Foi enforcado nu, no KZ Flossenbürg. Mais no capítulo 6.

CHAMBERLAIN, Neville (1869-1940). Político, primeiro-ministro britânico (1937-40); assinou o acordo de Munique com Hitler em 29 de setembro de 1938.

CHRISTIAN, Gerda (1913-97). Também conhecida como Gerda Daranowski, ou "Dara". Secretária de Hitler (1937-43; 1943-45). Presente no Führerbunker. Capturada, foi libertada em seguida. Continuou atuando como secretária, mantendo contato com grupos neonazistas.

CHURCHILL, Winston (1874-1965). Político; primeiro-ministro britânico (1940-45 e 1951-55). Escreveu suas memórias.

COSSEL, Hans Henning von. Adido da Embaixada alemã no Rio de Janeiro, editor do *Deutscher Morgen* e chefe do NSDAP no Brasil.

CUKURS, Herberts (1900-65). Aviador e engenheiro letão; membro do "Comando Arajs", que participou do massacre no gueto de Riga. Fugiu para o Brasil, sendo assassinado pelo Mossad no Uruguai. Mais no capítulo 7.

DIEBITSCH, Karl (1899-1985). Membro do NSDAP (1920/1937) e da SS (1933); SS-Oberführer; oficial da Waffen-SS e SS-Totenkopfverbände; desenhou o uniforme preto da SS em parceria com Heck (1932).

DÖNITZ, Karl (1891-1980). Grande almirante; chefe do OKM (1943-45); ministro da Guerra e presidente do Reich após a morte de Hitler (1945). Entusiasta do nazismo, foi julgado em Nuremberg e condenado a dez anos de prisão por planejar uma guerra de agressão e cometer crimes de guerra. Mais no capítulo 2.

DOHNANYI, Hans von (1902-45). Jurista e membro da resistência (Abwehr); era cunhado de Bonhoeffer. Foi preso pela Gestapo em 1943 e executado dois anos depois.

DORNBERGER, Walter (1895-1980). Oficial de artilharia alemão durante as duas grandes guerras. Era o chefe do HWA em Peenemünde. Foi preso e levado para os Estados Unidos, onde trabalhou com Von Braun nos V-2 e para a Força Aérea norte-americana. Aposentado, retornou para a Alemanha.

DREXLER, Anton (1884-1942). Um dos fundadores do DAP (1919), primeiro líder do NSDAP (1920-21). Participou do Putsch da Cervejaria (1923); rompeu com Hitler em 1925.

ECHTMANN, Fritz. Protético, confeccionou as coroas dentárias de Hitler, que auxiliaram na identificação do corpo carbonizado do ditador. Prisioneiro dos soviéticos.

ECKART, Dietrich (1868-1923). Um dos fundadores do DAP (1919) e do NSDAP (1920); foi o criador do *Völkischer Beobachter* (1923); participou do Putsch da Cervejaria (1923).

EICHMANN, Adolf (1906-62). Membro do NSDAP e SS (1932) e SD (1934); SS-Obersturmbannführer; um dos principais organizadores do Holocausto. Depois da guerra fugiu para a Argentina; foi capturado pelo Mossad em 1960, julgado e executado em Jerusalém, em 1962. Mais no capítulo 4.

ELSER, Georg (1903-45). Marceneiro suábio que tentou assassinar Hitler na Bürgerbräukeller, em Munique, em 8 de novembro de 1939. Foi preso logo em seguida, sendo executado mais tarde, no KZ Dachau.

EPP, Franz Ritter von (1868-1947). Líder do Freikorps que leva seu nome (1919-20); membro do NSDAP (1928); Reichsleiter (1933-45); general de infantaria. Morreu na prisão.

FAULHABER, Michael von (1869-1952). Arcebispo da Diocese de Munique e Freising (1917-52); cardeal (1921); opositor ao regime de Hitler. Mais no capítulo 6.

FRANK, Hans (1900-46). Reichsleiter (1933-45); membro do DAP (1919) e NSDAP (1923); advogado de Hitler e do NSDAP; fundou a BNSDJ (1928); governador-geral da Polônia (1939-45). Foi julgado em Nuremberg e condenado à morte por enforcamento por cometer crimes de guerra e contra a humanidade. Foi um dos três líderes nazistas a acusar Hitler durante o julgamento. Mais no capítulo 4.

FREISLER, Roland (1893-1945). Juiz; secretário de Estado no Ministério da Justiça (1934-42) e presidente do VGH (1942-45). Morreu durante um bombardeio Aliado a Berlim, em 3 de fevereiro de 1945.

DRAMATIS PERSONAE

FRICK, Wilhelm (1877-1946). Reichsleiter (1933-45), ministro do Interior (1933--43); governador do Protetorado da Boêmia e Morávia (1943-45). Foi preso, julgado em Nuremberg e condenado à morte por enforcamento por planejar uma guerra de agressão e cometer crimes de guerra e contra a humanidade. Foi executado.

FRITSCH, Werner von (1880-1939). Coronel-general do Exército; chefe do OKH (1935-38). Foi acusado falsamente de homossexualidade e afastado do OKW. Ver Crise Blomberg-Fritsch, na página 195.

FRITZSCH, Karl (1903-45). Membro do NSDAP (1930); SS-Hauptsturmführer. Serviu no KZ Dachau, comandou o KZ Flossenbürg e foi temporariamente comandante do KZ Auschwitz, onde sugeriu o uso de Zyklon B e fez o primeiro teste, em 1941. Desapareceu em 1945.

FROMM, Friedrich (1888-1945). Coronel-general, comandante em chefe do Exército de Reserva (1939-44). Concordou em participar da conspiração contra Hitler. Contudo, quando o atentado fracassou, prendeu e executou sumariamente os principais líderes, como Stauffenberg, Olbricht e Quirnheim. Foi executado depois, por não ter agido contra os conspiradores.

FUNK, Walther (1890-1960). Membro do NSDAP (1933); secretário de Estado no Ministério da Propaganda (1933-37); ministro da Economia (1938-45); e presidente do Reichsbank (1939-45). Foi julgado em Nuremberg e condenado à prisão perpétua por planejar uma guerra de agressão e cometer crimes de guerra e contra a humanidade. Foi libertado em 1957.

GALEN, Clemens von (1878-1946). Bispo de Münster (1933-46); cardeal (1945); opositor ao regime nazista. Foi beatificado em 2005. Mais no capítulo 6.

GEHLEN, Reinhard (1902-79). Tenente-general; oficial de inteligência da Wehrmacht na Frente Oriental (1941-45); espião da "Organização Gehlen", grupo anticomunista formado por ex-agentes da SS e do SD, ligado à CIA (1946-56), fundador e presidente do Bundesnachrichtendienst, o Serviço de Inteligência da Alemanha Oriental (1956-68).

GIESING, Erwin (1907-77). Membro do NSDAP (1932); médico-assistente de Hitler; otorrinolaringologista. Foi levado aos Estados Unidos depois da guerra.

GLOBOCNIK, Odilo (1904-45). SS-Gruppenführer, foi encarregado por Himmler de liderar a Operação Reinhardt, plano para exterminar sistematicamente judeus e ciganos do governo-geral da Polônia entre julho de 1942 e outubro de 1943.

GÖRING, Hermann (1893-1946). Um dos maiores nomes do Terceiro Reich; marechal do Reich; presidente do Reichstag (1932-45); chefe do Plano Quadrienal; presidente do Conselho de Defesa do Reich, comandante da Luftwaffe e chefe do OKL (1933-45); ministro da Economia do Reich (1937-38); e ministro-presidente da Prússia (1933-45). Foi preso, julgado em Nuremberg e condenado à morte por enforcamento por crimes contra a paz, por planejar uma guerra de agressão e por crimes de guerra e contra a humanidade. Suicidou-se na cela, antes da execução. Mais no capítulo 2.

GOEBBELS, Joseph (1897-1945). Doutor em filosofia (1921); membro do NSDAP (1924); Reichsleiter (1933-45); Gauleiter de Berlim (1926-45); ministro da Propaganda do Reich, RMVP (1933-45); plenipotenciário da Guerra Total (1944-45) e chanceler do Reich (1945). Mais no capítulo 2.

GOEBBELS, Magda (1901-45). Membro do NSDAP (1930); esposa de Goebbels (1931) e uma das mais fanáticas e fiéis seguidoras de Hitler; presente no Führerbunker, onde envenenou os seis filhos. Era tida como a "mãe alemã ideal". Seu pai biológico, porém, era o comerciante judeu Richard Friedländer (1881-1939). Mais no capítulo 2.

GOERDELER, Carl Friedrich (1884-1945). Economista, político monarquista, prefeito de Leipzig (1930-37) e um dos principais opositores ao regime nazista. Estava entre os conspiradores de 20 de julho de 1944. Em caso de sucesso, seria o chanceler do novo governo. Foi preso pela Gestapo e executado por enforcamento.

GRAF, Willi (1918-43). Membro do grupo estudantil de resistência ao nazismo Rosa Branca. Julgado pelo Tribunal Popular, foi condenado e executado em 12 de outubro de 1943.

GREIM, Robert Ritter von (1892-1945). Marechal do ar; comandante da Luftwaffe (1945). Cometeu suicídio enquanto prisioneiro dos norte-americanos na Áustria.

GUILHERME II, KAISER (1859-1941). Terceiro imperador alemão (1888-1918) após a Unificação do Império, o chamado Segundo Reich, em 1871. Abdicou em novembro de 1918.

GÜNSCHE, Otto (1917-2003). SS-Sturmbannführer; membro do NSDAP (1934); FBK; adjunto de Hitler junto à SS (1940-41); ajudante pessoal de Hitler (1943-45). Presente no Führerbunker, foi feito prisioneiro pelos soviéticos, sendo libertado em 1956. Mais no capítulo 3.

GÜNTHER, Hans (1891-1968). Apelidado de "Raça-Günther"; eugenista e escritor alemão, considerado um dos grandes influenciadores de Himmler em questões "raciais" e criador do "nacionalismo biológico"; foi professor nas universidades de Jena, Freiburg e Berlim e amplamente condecorado por seus estudos científicos. Após a guerra, não foi considerado criminoso, tampouco se retratou.

GUDERIAN, Heinz (1888-1954). Coronel-general; chefe do Estado-Maior do OKH (1944-45). Um dos mais destacados nomes da Wehrmacht durante a Segunda Guerra. Mais no capítulo 5.

HALDER, Franz (1884-1972). Coronel-general; chefe do Estado-Maior do OKH (1938-42). Envolveu-se em conspirações contra Hitler. Depois da guerra, colaborou com os norte-americanos durante a Guerra Fria.

DRAMATIS PERSONAE

HANFSTAENGL, Ernst "Putzi" (1887-1975). Participou do Putsch da Cervejaria (1923); membro do NSDAP (1931); ajudou a financiar a publicação de *Mein Kampf* e o *Völkischer Beobachter*. Deixou o círculo de Hitler em 1933; em 1937, fugiu para a Suíça e depois para o Reino Unido; mais tarde, foi para os Estados Unidos trabalhar para o governo Roosevelt. Escreveu um livro de memórias.

HASSELBACH, Hans-Karl von (1903-81). Membro do NSDAP e da SS (1932/1934); SS-Sturmbannführer, um dos médicos-assistentes de Hitler.

HAUSHOFER, Karl (1869-1946). Professor e expoente da "geopolítica" que influenciou Hitler e suas estratégias expansionistas, como a ideia de um Lebensraum. A esposa era filha de pai judeu, razão pela qual tanto ela quanto os filhos do casal foram considerados *Mischlinge* pelo regime nazista.

HECK, Walter (c. séc. XIX-XX). Designer gráfico; SS-Obersturmführer, desenhou o uniforme da SS em parceria com Diebitsch; foi criador do símbolo da SS, as "Sigrunen" (runas da vitória), em 1929.

HESS (ou HEß), Rudolf (1894-1987). Membro do NSDAP (1920); Reichsleiter (1933); ministro do Reich (1933-41); vice-Führer (1933-41). Um dos principais nomes do movimento nazista. Em 1941, voou sozinho para a Inglaterra, para uma suposta negociação de paz. Sendo preso, foi mantido encarcerado até o seu julgamento, em Nuremberg. Condenado à prisão perpétua por crimes contra a paz e por planejar uma guerra de agressão, cometeu suicídio após 46 anos de cativeiro. Mais no capítulo 2.

HEYDRICH, Reinhard (1904-42). Ex-oficial da Marinha (1922-30); membro do NSDAP e da SS (1931); SS-Obergruppenführer e general de polícia; líder do RSHA. Conhecido como "Açougueiro de Praga"; sofreu um atentado organizado pela resistência tcheca em 27 de maio de 1942 e morreu de septicemia pouco depois.

HIERL, Konstantin (1875-1955). Membro do NSDAP (1929); Reichsleiter (1936-45); diretor do RAD (1935-45).

HIMMLER, Heinrich (1900-45). Reichsführer-SS (1929-45); chefe de polícia (1936-45); chefe do RSHA (1942-43); ministro do Interior (1943-45). Mais no capítulo 4.

HINDENBURG, Paul von (1847-1934). Marechal de campo, veterano da Primeira Guerra Mundial (1914-18); chefe do Estado-Maior do Exército alemão (1916-18); presidente do Reich (1925-34). Nomeou Hitler chanceler.

HITLER, Adolf (1889-1945). Lutou na Primeira Guerra Mundial (1914-18), liderou o Putsch da Cervejaria (1923); líder do NSDAP (1921-45); chanceler da Alemanha (1933-45); Führer (1934-45). Casou-se com Eva Braun (1945), cometeu suicídio. Mais no capítulo 1.

HOEPNER, Erich (1886-1944). Coronel-general do Exército; serviu nas frentes Ocidental e Oriental, esteve envolvido na conspiração de 20 de julho de 1944. Foi executado em Plötzensee junto com outros conspiradores.

HOFFMANN, Heinrich (1885-1957). Membro do NSDAP (1920); fotógrafo pessoal e oficial de Hitler (1921-45); cofundador do *Illustrierter Beobachter* (1926). Publicou vários livros com fotos de Hitler durante o Terceiro Reich e um livro de memórias depois da guerra. Foi julgado e condenado a quatro anos de prisão, considerado criminoso por ter lucrado com a guerra. Mais no capítulo 3.

HÖSS, Rudolf (1901-47). Membro do NSDAP (1922) e da SS (1934); atuou nos KZ Dachau (1934-38) e Sachsenhausen (1938-40); comandante do KZ Auschwitz (1940-43); SS-Obersturmbannführer. Foi preso pelos britânicos, interrogado em Nuremberg e depois enviado para julgamento na Polônia, sendo condenado à morte por enforcamento e executado em Auschwitz. Mais no capítulo 4.

HOSSBACH, Friedrich (1894-1980). General de infantaria; ajudante de Hitler, autor do Memorando Hossbach (1937).

HUBER, Kurt (1893-1943). Professor de filosofia na Universidade de Munique, influenciador e membro do grupo estudantil de resistência ao nazismo Rosa Branca. Foi julgado pelo Tribunal Popular, condenado e executado em 13 de julho de 1943.

HUDAL, Alois (1885-1963). Bispo austríaco, chefe da Congregação Santa Maria dell'Anima, em Roma, e admirador de Hitler, ajudou na fuga de vários criminosos de guerra nazistas para a América do Sul, entre eles Stangl e Eichmann.

JODL, Alfred (1890-1946). Coronel-general; chefe do Departamento de Operações do OKW (1939-45); chefe do Estado-Maior do OKH (1945). Assinou a rendição incondicional, em Reims, em 7 de maio de 1945. Foi julgado em Nuremberg e condenado à morte por enforcamento por crimes contra a paz, por planejar uma guerra de agressão e por crimes de guerra e contra a humanidade. Foi executado. Mais no capítulo 2.

JUNGE, Hans (1914-44). Membro da SS (1933), LSSAH (1934), FBK (1936-43) e Waffen-SS (1943-44); SS-Obersturmführer. Casou-se com a secretária de Hitler, Traudl Humps, depois Traudl Junge, em 1943.

JUNGE, Traudl; ou HUMPS, Gertraud (1920-2002). Secretária pessoal de Hitler (1942-45). Escreveu um livro de memórias.

KALTENBRUNNER, Ernst (1903-46). Membro da NSDAP e SS (1931); SS-Obergruppenführer, chefe do RSHA (1943-45); presidente da Interpol (1943-45). Foi julgado em Nuremberg e condenado à morte por enforcamento por crimes de guerra e contra a humanidade.

DRAMATIS PERSONAE

KANNENBERG, Arthur (1896-1963). Responsável pelo cassino da Casa Marrom (1931), a sede do NSDAP em Munique, e, a partir de 1933, gerente-geral das residências de Hitler na Chancelaria e no Berghof, no Wolfsschanze, Prússia Oriental, e no Führerbunker.

KEITEL, Wilhelm (1882-1946). Marechal de campo; chefe do Gabinete das Forças Armadas do Ministério da Guerra (1935-38); chefe do OKW (1938-45). Assinou a rendição incondicional, em Berlim, em 8 de maio de 1945. Foi julgado em Nuremberg e condenado à morte por enforcamento por crimes contra a paz, planejar uma guerra de agressão e por crimes de guerra e contra a humanidade. Foi executado. Mais no capítulo 2.

KEMPKA, Erich (1910-75). Membro do NSDAP (1930) e do Lebensborn (1937); FBK (1932); motorista-chefe de Hitler (1936-45); SS-Obersturmbannführer; presente no Führerbunker. Foi noivo de Gerda Daranowski (depois Gerda Christian), secretária de Hitler. Preso pelos norte-americanos, foi mantido cativo até 1947; escreveu um livro de memórias. Mais no capítulo 3.

KRAUSE, Karl Wilhelm (1911-2001). SS-Hauptsturmführer; serviu na Marinha (1931-34) e na Kriegsmarine (1939-43); LSSAH (1934-39; 1940); ordenança de Hitler (1934-39). Foi preso pelos norte-americanos e solto em 1946.

KREBS, Hans (1898-1945). General; chefe do Estado-Maior do Alto-Comando do Exército (1945). Cometeu suicídio.

KRUPP, Gustav (1870-1950) e KRUPP, Alfried (1907-67). Pai e filho, empresário e engenheiro, proprietários da Krupp AG (hoje ThyssenKrupp AG). Gustav dirigiu a empresa entre 1909 e 1943, tendo Alfried assumido a direção nesse ano. O primeiro escapou ao julgamento em Nuremberg; o segundo foi condenado a doze anos de prisão, tendo cumprido apenas três. Mais no capítulo 5.

KUBIZEK, August (1888-1956). Músico austríaco, amigo de adolescência de Hitler em Linz e Viena. Escreveu um livro de memórias (1955).

LEY, Robert (1890-1945). Reichsleiter (1933-45); chefe do NSDAP (1932-45); chefe da DAF (1933-45). Cometeu suicídio antes do início do julgamento em Nuremberg. Era acusado de cometer crimes contra a paz, de guerra e contra a humanidade.

LINDLOFF, Ewald (1908-45). SS-Hauptsturmführer; FBK; LSSAH. Encarregado de verificar a destruição dos corpos de Hitler e Eva Braun; morreu na fuga do Führerbunker.

LINGE, Heinz (1913-80). Membro da SS (1932); LSSAH (1933); SS-Obersturmbannführer; valete de Hitler (1935-45); FBK; presente no Führerbunker. Escreveu um livro de memórias. Mais no capítulo 3.

LUDENDORFF, Erich (1865-1937). General, chefe do Estado-Maior alemão durante a Primeira Guerra Mundial (1916-18). Participou do Putsch da Cervejaria (1923), concorreu à presidência da Alemanha (1925) e foi membro do Reichstag (1924-28). Escreveu um livro sobre a "guerra total" (1935).

LUEGER, Karl (1844-1910). Político austro-húngaro e antissemita; prefeito de Viena (1897-1910); um dos influenciadores de Hitler.

MANN, Thomas (1875-1955). Um dos mais célebres escritores alemães; recebeu o Prêmio Nobel de Literatura em 1929. Emigrou da Alemanha em 1933, residindo na Suíça, na Inglaterra e nos Estados Unidos. Durante a guerra atuou na propaganda antinazista.

MANSTEIN, Erich von (1887-1973). Marechal de campo. Um dos mais destacados oficiais alemães, considerado por muitos o maior dos estrategistas. Elaborou o Plano Manstein (1940). Preso e julgado em Nuremberg, foi sentenciado a dezoito anos de prisão, sendo solto em 1953. Escreveu um livro de memórias. Mais no capítulo 5.

MANZIARLY, Constanze (1920-45). Nutricionista e cozinheira de Hitler (1944-45). Desapareceu durante a fuga do Führerbunker.

MASUR, Norbert (1901-71). Judeu alemão; representante sueco no Congresso Judeu Mundial (WJC), criado em 1936 para lutar contra o nazismo. Ele negociou o resgate de mulheres judias com Himmler em 1945. Deixou registradas suas memórias.

MAURICE, Emil (1897-1972). Membro do DAP (1919); membro número 2 da SS (1925); Oberster SA-Führer, posto mais elevado da SA (1920-21); motorista de Hitler (1925-28); SS-Oberführer (1932); deputado do Reichstag (1936); oficial da Luftwaffe (1940-42). Foi condenado a quatro anos de prisão. Era meio judeu.

MENGELE, Josef (1911-79). PhD em antropologia (1935); membro do NSDAP (1937) e SS (1938); SS-Hauptsturmführer; médico no KZ Auschwitz-Birkenau (1943-45). Fugiu para a América do Sul e esteve na Argentina e no Paraguai, morrendo afogado no litoral paulista. Mais no capítulo 7.

MILCH, Erhard (1892-1972). Foi diretor da Lufthansa antes da guerra e marechal do ar na Luftwaffe, a mais alta patente alcançada por um alemão de origem judaica durante o conflito. Tinha interesse especial pelas experiências realizadas nos prisioneiros do KZ Dachau. Foi preso e julgado em Nuremberg e condenado à prisão perpétua, mas solto em 1954.

MISCH, Rochus (1917-2013). Membro do SS-VT, LSSAH e FBK (1940-45); SS-Oberscharführer; telefonista, presente no Führerbunker. Escreveu um livro de memórias.

MODEL, Walter (1891-1945). Marechal de campo. Nazista leal ao Führer e mestre da organização defensiva, chamado de "bombeiro de Hitler". Cometeu suicídio diante do avanço aliado na Frente Ocidental.

DRAMATIS PERSONAE

MOLTKE, Helmuth von (1907-45). Jurista, bisneto do célebre Helmuth von Moltke, o Velho, marechal de campo e chefe do Estado-Maior da Prússia, que liderou a Unificação Alemã. Atuou na Abwehr e liderou o chamado "Círculo de Kreisau", grupo de resistência ao nazismo. Foi preso pela Gestapo em 1944 e executado.

MORELL, Theodor (1886-1948). Membro do NSDAP (1933); médico particular de Hitler (1936-45). Mais no capítulo 3.

MÜLLER, Ludwig (1883-1945). Teólogo, líder dos Cristãos Alemães e "bispo do Reich" da Igreja evangélica alemã. Cometeu suicídio.

MUSSOLINI, Benito (1883-1945). Jornalista, político; *Il Duce*, primeiro-ministro da Itália (1922-43).

NAUMANN, Werner (1909-82). Membro do NSDAP (1928); SS-Brigadeführer, último secretário de Estado no Ministério da Propaganda (1944), presente no Führerbunker, onde foi indicado no testamento de Hitler para o cargo de ministro da Propaganda. Depois da guerra, organizou o Naumann-Kreis.

NEBE, Arthur (1894-1945). Membro do NSDAP (1931); SS-Gruppenführer, chefe da Kripo e do Einsatzgruppe B. Estava entre os conspiradores do Exército contra Hitler. Foi executado.

NEURATH, Konstantin von (1873-1956). Diplomata; membro do NSDAP (1937); SS-Gruppenführer; ministro das Relações Exteriores (1932-38), governador do Protetorado da Boêmia e Morávia (1939-43). Foi julgado em Nuremberg e condenado a quinze anos de prisão por crimes contra a paz, por planejar uma guerra de agressão e crimes de guerra e contra a humanidade. Foi libertado em 1954.

NIEMÖLLER, Martin (1892-1984). Pastor luterano, fundador da Igreja confessante e membro da resistência. Foi mantido preso em campos de concentração entre 1937 e 1945. Recebeu o Prêmio Lênin da Paz em 1966. Mais no capítulo 6.

OLBRICHT, Friedrich (1888-1944). General de infantaria; uma das figuras centrais entre os conspiradores de 20 de julho de 1944. Foi executado na madrugada do dia 21.

OSTER, Hans (1887-1945). Major-general do Exército, subchefe da Abwehr (1935-44); opositor do nazismo, esteve envolvido na resistência que resultou no atentado a Hitler em 20 de julho de 1944. Preso, foi executado no KZ Flossenbürg.

PAPEN, Franz von (1879-1969). Chanceler (1932) e vice-chanceler (1933-34), ministro-presidente da Prússia (1932-33). Responsável pela indicação de Hitler para a Chancelaria pelo presidente. Embaixador na Áustria (1934-38) e na Turquia (1939-44). Foi julgado e absolvido em Nuremberg.

PÉTAIN, Philippe (1856-1951). Marechal, comandante em chefe do Exército francês durante a Primeira Guerra Mundial (1917-18); primeiro-ministro da França (1940) e chefe do Estado francês em Vichy (1940-44).

PROBST, Christoph (1919-43). Membro do grupo estudantil de resistência ao nazismo Rosa Branca. Foi julgado pelo Tribunal Popular, condenado e executado em 13 de julho de 1943.

PRÜFER, Curt (1881-1959). Doutor em filosofia, trabalhou como diplomata no Egito e na Turquia (1907-19); conselheiro do Ministério das Relações Exteriores (1923); embaixador no Brasil (27 de setembro de 1939 a 28 de janeiro de 1942). Foi o último embaixador no Brasil até 1951. Aposentou-se em 1944.

PUTTKAMER, Karl-Jesko von (1900-81). Major-general da Marinha; ajudante naval de Hitler. Presente no Führerbunker.

QUIRNHEIM, Albrecht Mertz von (1905-44). Coronel do Exército, um dos principais conspiradores de 20 de julho de 1944. Foi executado na madrugada do dia 21.

RAEDER, Erich (1876-1960). Grande almirante, chefe do OKM (1928-43). Foi preso, julgado em Nuremberg e condenado à prisão perpétua por crimes contra a paz, por planejar uma guerra de agressão e por crimes de guerra. Foi libertado em 1955.

RATTENHUBER, Johann (1897-1957). SS-Gruppenführer e general de polícia, comandante do RSD (1933-45); presente no Führerbunker. Foi preso pelos soviéticos, retornando à Alemanha em 1955.

RAUBAL, Angela "Geli" (1908-31). Meia-sobrinha de Hitler e grande paixão da vida do ditador. Cometeu suicídio no apartamento de Hitler em 17 de setembro de 1931. As circunstâncias nunca foram esclarecidas.

REITSCH, Hanna (1912-79). Aviadora, piloto de testes, recordista de voo a vela; esteve no Brasil nos anos 1930 e 1950. Deixou o Führerbunker em 28 de abril de 1945. Permaneceu prisioneira por quase dois anos.

RIBBENTROP, Joachim von (1893-1946). Reichsleiter; embaixador alemão no Reino Unido (1936-38); ministro das Relações Exteriores do Reich (1938-45). Foi o responsável pela articulação do pacto de não agressão com a URSS, o "Pacto Ribbentrop-Molotov" (1939), que acordou, entre outras coisas, a divisão da Polônia e do Leste Europeu e a parceria militar e econômica entre nazistas e soviéticos. Escreveu um livro de memórias. Julgado em Nuremberg, foi condenado à morte por enforcamento por crimes contra a paz, por planejar uma guerra de agressão e por crimes de guerra e contra a humanidade.

RIEFENSTAHL, Leni (1902-2003). Cineasta e atriz; simpatizante do nazismo, produziu dois dos principais filmes de propaganda nazista, *O triunfo da vontade*, de 1935, e *Olympia*, de 1938. Escreveu um livro de memórias. Mais no capítulo 5.

DRAMATIS PERSONAE

RITTER, Karl (1883-1968). Diplomata, ingressou no Ministério das Relações Exteriores em 1922; foi embaixador no Brasil (16 de junho de 1937 a 6 de agosto de 1938).

RÖHM, Ernst (1887-1934). Comandante da SA (1931-34) e Reichsleiter (1933-34). Abertamente homossexual, foi assassinado na prisão de Stadelheim, em 1934, após a Noite das Facas Longas, quando se recusou a cometer suicídio.

ROMMEL, Erwin (1891-1944). Marechal de campo; comandante do Afrikakorps (1941-43). Um dos mais populares nomes da Wehrmacht. Mais no capítulo 5.

ROSENBERG, Alfred (1893-1946). Conhecido como o "ideólogo do nazismo". Reichsleiter (1933-45); ARo (1934-45); RMfdbO (1941-45). Foi preso e julgado em Nuremberg, condenado à morte por enforcamento por crimes contra a paz, por planejar uma guerra de agressão e por crimes de guerra e contra a humanidade. Mais no capítulo 4.

ROSSBACH, Gerhard (1893-1967). Tenente durante a Primeira Guerra Mundial (1914-18), liderou o Freikorps que levava seu nome (1919-23); participou do Putsch da Cervejaria (1923) e chegou a ser preso na Noite das Facas Longas (1934).

SAUCKEL, Fritz (1894-1946). Gauleiter da Turíngia (1927-45); ministro-presidente de Anhalt, Turíngia e Brunswick (1932-45); plenipotenciário para o Trabalho (1942-45). Foi julgado em Nuremberg, condenado à morte por enforcamento por crimes de guerra e contra a humanidade.

SCHACHT, Hjalmar (1877-1970). "O mago da economia alemã", responsável pelo fim da hiperinflação, foi presidente do Reichsbank (1923-30 e 1933-39) e ministro da Economia (1934-37). Preso pela Gestapo em 1944 e depois pelos Aliados, em 1945. Julgado pelos Aliados e depois pelos alemães, foi libertado em 1948. Mais no capítulo 5.

SCHAUB, Julius (1898-1967). Membro do NSDAP (1920) e da SS (1925); SS-Obergruppenführer; participou do Putsch da Cervejaria (1923); assessor pessoal e ajudante de Hitler (1925-45); ajudante-chefe (1940-45). Preso, permaneceu em custódia até 1949. Mais no capítulo 3.

SCHELLENBERG, Walter (1910-52). SS-Brigadeführer, chefe da Abwehr (1944-45). Foi julgado em Nuremberg e condenado a seis anos de prisão, cumprindo parcialmente a pena. Escreveu um livro de memórias.

SCHINDLER, Oskar (1908-74). Trabalhou para a Abwehr em Mährisch-Ostrau e Breslau, hoje, respectivamente, na República Tcheca e na Polônia, entre 1935 e 1939. Filiado ao NSDAP (1939). Entre 1944 e 1945, salvou da morte 1.200 judeus — a "lista de Schindler". Em 1993, recebeu do Yad Vashem, a Autoridade de Recordação dos Mártires e Heróis do Holocausto, o título póstumo de "Justo entre as Nações".

SCHIRACH, Baldur von (1907-74). Reichsleiter (1932-45), Reichsjugendführer da HJ (1931-40), Reichsstatthalter da Áustria (1940-45), Gauleiter do Reichsgau Viena (1940-45). Foi julgado em Nuremberg e condenado a vinte anos de prisão por crimes contra a humanidade, pena que cumpriu integralmente, sendo posto em liberdade em 1966. Foi um dos três líderes nazistas a denunciar Hitler durante o julgamento. Escreveu um livro de memórias.

SCHMORELL, Alexander (1917-1943). Membro do grupo estudantil de resistência ao nazismo Rosa Branca. Foi julgado pelo Tribunal Popular, condenado e executado em 22 de fevereiro de 1943.

SCHOLL, Hans (1918-43) e SCHOLL, Sophie (1921-43). Irmãos, integrantes do grupo estudantil de resistência ao nazismo Rosa Branca. Foram julgados pelo Tribunal Popular, condenados e executados em 22 de fevereiro de 1943. Mais no capítulo 6.

SCHRECK, Julius (1898-1936). Membro do NSDAP (1920); fundador da SA (1921) e o primeiro Reichsführer-SS (1925-26); motorista de Hitler até 1936. Morreu de meningite.

SCHROEDER, Christa (1908-84). Membro do NSDAP (1930); secretária particular de Hitler (1933-45). Escreveu um livro de memórias. Mais no capítulo 3.

SEECKT, Hans von (1866-1936). General, chefe do Estado-Maior da Reichswehr (1919-20) e comandante em chefe (1920-26). Pregou a obediência à Constituição da República de Weimar e a não interferência militar nos assuntos democráticos e civis.

SPEER, Albert (1905-81). Arquiteto; ministro do RMfBuM (1942-45); ministro da Indústria e da Produção no governo Dönitz (1945). Foi um dos três líderes nazistas a denunciar Hitler durante o julgamento em Nuremberg. Foi condenado a vinte anos de prisão, pena que cumpriu integralmente, sendo posto em liberdade em 1966. Escreveu um livro de memórias. Mais no capítulo 2.

SPEIDEL, Hans (1897-1984). Tenente-general do Exército durante a Segunda Guerra Mundial. Foi o único dos líderes conspiradores do atentado de 20 de julho de 1944 a conseguir escapar das garras de Hitler. Como general, depois da guerra ajudou a reorganizar o Exército alemão.

STÁLIN, Josef (1878-1953). Secretário-geral do Partido Comunista e do Comitê Central da URSS, ditador soviético (1922-53).

STANGL, Franz (1908-71). Membro do NSDAP (1938) e da SS (1939); SS--Hauptsturmführer; atuou no Aktion T4 (1940-1); comandante dos KZs Sobibor e Treblinka (1942-43). Fugiu para o Brasil em 1951, sendo preso em 1967; extraditado, foi julgado e condenado à prisão perpétua em 1970. Mais no capítulo 7.

DRAMATIS PERSONAE

STAUFFENBERG, Claus Schenk Graf von (1907-44). Coronel do Exército; figura central entre os conspiradores, responsável por colocar a bomba na Toca do Lobo, em 20 de julho de 1944. Foi preso e executado na madrugada do dia 21. Mais no capítulo 6.

STIEFF, Hellmuth (1901-44). Major-general e um importante conspirador de 20 de julho de 1944. Foi executado em Plötzensee.

STRASSER, Gregor (1892-1934). Membro do NSDAP (1921); participou do Putsch da Cervejaria (1923); foi chefe de Propaganda e Organizacional do partido (1926-28). Assassinado em 1934, nas Noite das Facas Longas.

STREICHER, Julius (1885-1946). Membro do NSDAP (1921); Gauleiter de Nordbayern (1925-28), Nuremberg-Fürth (1928-29) e Francônia (1929-40). Fundou o jornal antissemita *Der Stürmer* (1923). Foi preso, julgado em Nuremberg e condenado à morte por enforcamento por crimes contra a humanidade. Mais no capítulo 4.

STÜLPNAGEL, Carl-Heinrich von (1886-1944). General do Exército; um dos principais conspiradores de 20 de julho de 1944. Foi executado em Plötzensee.

STUMPFEGGER, Ludwig (1910-45). Médico pessoal de Hitler (1944-45); SS--Obersturmbannführer; presente no Führerbunker, desapareceu em maio de 1945, durante a Batalha de Berlim.

THYSSEN, Fritz (1873-1951). Proprietário da empresa de mineração e siderurgia Thyssen (hoje ThyssenKrupp AG). Financiou Hitler e o NSDAP, mas foi expulso do partido por discordar da política anticatólica e da Segunda Guerra Mundial. Foi internado em um campo de concentração. Mais no capítulo 5.

TODT, Fritz (1891-1942). Engenheiro, responsável pela criação da OT (1938), ministro do RMfBuM (1940). Morreu em um acidente aéreo (ou atentado).

TRESCKOW, Henning von (1901-44). Major-general do Exército; um dos principais conspiradores contra Hitler desde 1939. Tentou assassinar o ditador em 13 de março de 1943. Cometeu suicídio na Frente Oriental, após o fracasso do atentado de 20 de julho de 1944.

VARGAS, Getúlio (1882-1954). Político; governou o Brasil (1930-45); primeiro como chefe do Governo Provisório (1930-34), depois como presidente constitucional (1934-37) e, finalmente, como ditador no Estado Novo (1937-45).

VERSCHUER, Otmar Freiherr von (1896-1969). Geneticista, diretor do Instituto para Hereditariedade, Biologia e Pureza Racial (1935-42); diretor do Instituto Kaiser Wilhelm de Antropologia (1942-48); e professor de genética na Universidade de Münster (1951-65). Foi um dos mentores de Mengele.

VOSS, Hans-Erich (1897-1969). Vice-almirante, oficial de ligação da Kriegsmarine, presente no Führerbunker. Foi preso pelos soviéticos e condenado a 25 anos de prisão, sendo libertado em 1954.

WAGENER, Otto (1888-1971). Major-general; membro da SA (1923) e do NSDAP (1929); chefe do Estado-Maior da SA (1929-30); membro do Reichstag (1933-38); comissário do Reich para Economia (1933). Escreveu um livro de memórias.

WAGNER, Gustav (1911-80). Membro do NSDAP (1931), da SA e da SS; participou do Aktion T4; subcomandante de Sobibor; conhecido como "a Besta de Sobibor"; SS-Oberscharführer. Fugiu para o Brasil, onde cometeu suicídio em 1980. Mais no capítulo 7.

WAGNER, Winifred (1897-1980). Inglesa, nascida Klindworth, casada com Siegfried Wagner, filho de Richard Wagner (1813-83), o compositor alemão predileto de Hitler. Manteve estreita amizade com o ditador a partir de 1923. Depois da morte do marido, assumiu o Festival de Bayreuth (1930-45), dedicado ao sogro.

WEIDLING, Helmuth (1891-1955). General de artilharia. Foi nomeado por Hitler o responsável pela defesa de Berlim durante os dias finais da batalha (22 de abril a 2 de maio de 1945). Morreu como prisioneiro na URSS.

WIEDEMANN, Fritz (1891-1970). Ajudante de Hess (1934) e de Hitler (1934-39); depois do envolvimento com a princesa Stephanie von Hohenlohe (1891-1972), supostamente de família judia, foi enviado para os Estados Unidos como cônsul-geral (1939). Escreveu um livro de memórias.

WIESENTHAL, Simon (1908-2005). O mais célebre "caçador de nazistas". Embora tenha tido um papel importante na captura de criminosos de guerra, muitas de suas obras são demasiadamente fantasiosas, tanto sobre sua vida quanto sobre a perseguição aos nazistas.

WITZLEBEN, Erwin von (1881-1944). Marechal de campo. Um dos conspiradores e o de mais alta patente no atentado contra Hitler em 20 de julho de 1944. Em caso de sucesso, assumiria o comando da Wehrmacht. Foi condenado por traição e executado, estrangulado num gancho de açougueiro.

WOLF, Johanna (1900-85). Entrou no NSDAP (1929) como secretária de Rudolf Hess, trabalhando depois com Wilhelm Brückner. Secretária-chefe de Hitler (1933-45).

Patentes SS — Wehrmacht

As traduções correspondem, mais ou menos, às patentes dos Exércitos norte-americano e britânico, que muitas vezes diferem do sistema usado nas Forças Armadas brasileiras, motivo pelo qual a bibliografia sobre a Segunda Guerra Mundial, por vezes, é conflituosa.

- Patente na SS | Patente correspondente na Wehrmacht (Exército/Luftwaffe/Marinha)
- Reichsführer-SS | Generalfeldmarschall/Grossadmiral (marechal de campo/marechal do ar/almirante)
- Oberst-Gruppenführer | Generaloberst/Generaladmiral (coronel-general/almirante-general)
- Obergruppenführer | General der Panzertruppe ou der Inf./Admiral (general de tropas panzer ou de infantaria/almirante)
- Gruppenführer | Generalleutnant/Vizeadmiral (tenente-general/vice-almirante)
- Brigadeführer | Generalmajor/Konteradmiral (major-general/contra-almirante)
- Oberführer | Brigadegeneral (general de brigada)
- Standartenführer | Oberst/ Kapitäin z. See (coronel/capitão do mar)
- Obersturmbannführer | Oberstleutnant/Fregattenkapitäin (tenente-coronel/capitão de fragata)
- Sturmbannführer | Major/Korvettenkapitäin (major/capitão de corveta)

- Hauptsturmführer | Hauptmann/Kapitänleutnant (capitão/tenente-capitão)
- Obersturmführer | Oberleutnant (primeiro-tenente)
- Untersturmführer | Leutnant (segundo-tenente)
- Sturmscharführer | Stabsfeldwebel (subtenente ou sargento de companhia)
- Hauptscharführer | Oberfeldwebel (sargento-ajudante ou sargento de batalhão)
- Oberscharführer | Feldwebel (primeiro-sargento)

Glossário

Longe de estar completa, a lista a seguir servirá como guia aos interessados pelo tema. Temos aqui apenas as organizações, termos ou expressões mais comuns associados ao Terceiro Reich, ao nazismo ou à Segunda Guerra Mundial e que, de uma forma ou outra, são utilizados pela bibliografia especializada ou foram mencionados neste livro.

ABWEHR. Serviço de Informações do Exército (1920-45). Chefes durante o Terceiro Reich (1933-45): tenente-coronel Ferdinand von Bredow (1930-32); capitão Conrad Patzig (1932-34); almirante Wilhelm Canaris (1935-44); coronel G. Georg Hansen (1944), SS-Brigadeführer Walter Schellenberg (1944-45); e SS-Obersturmbannführer Otto Skorzeny (1945).

ACORDO DE MUNIQUE. Tratado assinado em 29 de setembro de 1938 na cidade bávara entre Alemanha, Itália, França e Inglaterra e que garantiu a Hitler a posse dos Sudetos, região da Tchecoslováquia de maioria alemã. Os tchecos não participaram do acordo. O primeiro-ministro britânico, Neville Chamberlain, imaginando ter evitado uma nova guerra, chamou o acordo de "paz para o nosso tempo".

AFRIKAKORPS (ou Deutsches Afrikakorps). Força expedicionária da Wehrmacht que operou em território norte-africano entre 21 de fevereiro de 1941 a 30 de junho de 1943. Comandantes: marechal de campo Erwin Rommel (1941-43) e coronel-general Hans-Jürgen von Arnim (1943).

AKTION T4 (ou Ação T4). Programa nazista de eugenismo e eutanásia cuja finalidade era eliminar pessoas com doenças incuráveis, deficiência mental ou física. Funcionou oficialmente entre 1939 e 1941, mas aproximadamente entre 275 mil e 300 mil pessoas foram assassinadas até 1945. T4 é uma referência a Tiergartenstrasse, 4, o endereço do Gemeinnützige Stiftung für Heil-und Anstaltspflege ("Fundação de Caridade para Cuidados Curativos e Institucionais"), nome eufemístico do laboratório organizado por Bouhler e Brandt.

ALLGEMEINE SS. Corpo geral da SS, incluindo membros ativos e inativos e membros honorários. Muitos membros da Waffen-SS tinham também postos na Allgemeine SS, sendo consideradas instituições distintas.

ANSCHLUSS. Anexação da Áustria pela Alemanha em 12 de março de 1938. O chanceler austríaco Dollfuss fora assassinado por nazistas em 1934, e Schuschnigg, seu sucessor, duramente pressionado para que a Áustria se submetesse à Alemanha. O Anschluss foi seguido de um plebiscito em abril, quando 99% dos austríacos ratificaram a anexação.

ARBEIT MACHT FREI. "O trabalho liberta." Expressão usada pelo filologista alemão Lorenz Diefenbach (1806-83) no século XIX, tinha como ideia transformar degenerados socialmente em pessoas com virtude. Foi usada como letreiro pela primeira vez no portão do KZ Dachau, durante o comando de Theodor Eicke (1933-34). Mais tarde, foi adotada em outros campos, incluindo o mais famoso deles, o KZ de extermínio Auschwitz. Nesse campo, o letreiro foi confeccionado pelos prisioneiros, incluindo Jan Liwacz (1898-1980).

ARO (Amt Rosenberg). Conhecido como "Escritório Rosenberg", cujo nome oficial era Beauftraten des Führers für die Überwachung der gesamten geistigen und weltanschaulichen Schulung und Erziehung der NSDAP, "Encarregado do Führer para supervisão de treinamento e educação intelectual e ideológica do NSDAP".

BDM (Bund Deutscher Mädel). "Liga das Jovens Alemãs", o braço feminino da Juventude Hitlerista, com jovens entre dez e 21 anos. O grupo entre dez e quatorze anos era conhecido como Jungmädel. Em 1936, eram mais de 2 milhões.

BDS (Befehlshaber der SiPo und des SD). Comandante da SiPo e do SD nas áreas administradas pelo RSHA.

BERGHOF. Residência alpina de Hitler, em Berchtesgaden, no Obersalzberg, Baviera. Antiga pensão em que Hitler se hospedou no inverno de 1922-23 (ainda como Haus Wachenfeld). Em 1933, a casa foi comprada, sendo ampliada ao longo dos anos, transformando-se no centro político do Terceiro Reich. Acima do Berghof estava o Kehlsteinhaus, o "Ninho da Águia", construído pelo NSDAP a mando de Bormann (1937-38). Danificado por bombardeios aéreos dos Aliados durante a guerra, o Berghof só foi destruído em 1952. O Ninho da Águia hoje é um restaurante.

BLITZ. Campanha de bombardeamentos estratégicos realizada pela Luftwaffe contra a Inglaterra entre 7 de setembro de 1940 e 10 de maio de 1941.

BLITZKRIEG. "Guerra-relâmpago." Tática militar desenvolvida pela Wehrmacht durante a primeira fase da Segunda Guerra Mundial. Consistia em um ataque coordenado de forças terrestres e aéreas com o intuito de surpreender e impedir o inimigo de reagir ao ataque. Seu principal mentor foi o general Guderian.

GLOSSÁRIO

BNSDJ (Bund Nationalsozialistischer Deutscher Juristen). "Associação Nacional-Socialista de Juristas Alemães." Funcionou entre 1928 e 1936, sendo substituída pela NSRB.

CAMISAS-PARDAS. Os membros da SA, assim conhecidos devido à cor do uniforme. A cor parda teve origem nos uniformes tropicais da Alemanha na Primeira Guerra Mundial, vendidos a preço baixo após o conflito.

CAMPO(S) DE CONCENTRAÇÃO. Ver KZ.

CAMPO(S) DE EXTERMÍNIO. Ver Vernichtungslager.

CASA MARROM (Braunes Haus). Nome dado à sede do NSDAP, localizada na Briennerstrasse, 45, em Munique, antes conhecida como Palais Barlow, comprada pelos nazistas em maio de 1930 (desde 1925, a sede ficava na Schellingstrasse, 50). A Casa Marrom foi destruída pelos bombardeios dos Aliados em 1943.

CÍRCULO DE KREISAU. Grupo de resistência ao nazismo liderado pelo jurista Helmuth James von Moltke (1907-45), que atuava na Abwehr. Era composto por socialistas, protestantes e católicos. O grupo começou a ser desarticulado em janeiro de 1944, quando Moltke foi preso. Ele foi executado.

CONFERÊNCIA DE WANNSEE. Realizada em 20 de janeiro de 1942, no subúrbio de Berlim, tinha como objetivo encontrar uma "Solução Final" para a Questão Judaica. Ficou definido que os judeus seriam deportados para o Leste Europeu, usados no trabalho escravo ou executados.

CRISE BLOMBERG-FRITSCH. Assim chamados os dois escândalos que envolveram o ministro da Guerra (Blomberg) e o chefe do OKH (Fritsch). O primeiro se casou com uma ex-prostituta; o segundo foi acusado falsamente de homossexualidade. A crise orquestrada por Himmler e Göring permitiu que Hitler assumisse o controle da Wehrmacht (1938).

CRUZ DE FERRO (Eiserne Kreuz). Condecoração militar alemã instituída em 1813 pelo rei da Prússia Frederico Guilherme III e inspirada na cruz usada pelos cavaleiros teutônicos. Aproximadamente 3,3 milhões delas foram concedidas durante a Segunda Guerra.

DAF (Deutsche Arbeitsfront). A "Frente Alemã de Trabalho", liderada por Robert Ley, era a organização trabalhista do Terceiro Reich, que substituiu os sindicatos entre 10 de maio de 1933 e maio de 1945. No final do regime havia mais de 22 milhões de associados.

DAP (Deutsche Arbeiterpartei). "Partido dos Trabalhadores Alemães" (1919-1920), fundado por Anton Drexler e Dietrich Eckart. Foi renomeado NSDAP em fevereiro de 1920.

DAS SCHWARZE KORPS. "Os Corpos Negros" ou "A Guarda Negra". Jornal oficial da SS. A primeira edição saiu em 6 de março de 1935. Tinha tiragem semanal (quartas-feiras) de 750 mil exemplares (1944); a última saiu no final de abril de 1945.

DBJ (Deutschebrasilianisch Jungendring). "Círculo da Juventude Teuto-Brasileira", braço da HJ no Brasil.

DER STÜRMER. "O agressor." Periódico virulentamente antissemita criado por Streicher, o jornal circulou em edições semanais entre 20 de abril de 1923 e 1º de fevereiro de 1945.

DESNAZIFICAÇÃO. Oficialmente, o Plano de Desnazificação da Alemanha — PDA — foi um programa Aliado de reeducação criado para erradicar a influência da doutrina nazista na Alemanha e na Europa pós-Segunda Guerra Mundial. Foi iniciado em Nuremberg, com os julgamentos das principais lideranças nazistas, em 1945, e durou até o começo dos anos 1950. Os Aliados procuraram encontrar "simpatizantes" e "colaboradores" entre a população. Questionários foram elaborados para identificar o grau de atuação junto ao regime de Hitler. Conforme as respostas e entrevistas, o indivíduo era classificado como "nazista", "medianamente nazista" ou "levemente nazista", recebendo uma pena adequada. Na Alemanha, cerca de 16 milhões de questionários foram preenchidos. Desse total, 3,5 milhões sofreram algum tipo de acusação. O programa também renomeou ruas, parques e edifícios públicos que tinham associação com o nazismo, assim como removeu monumentos, estátuas e símbolos ligados ao Terceiro Reich.

DEUTSCHER MORGEN. "Aurora Alemã." Jornal brasileiro publicado em língua alemã entre 1932 e 1941.

DISCURSOS DE POSEN. Assim chamados os dois discursos feitos por Himmler, em 4 e 6 de outubro de 1943, em Posen (hoje Poznań), na Polônia, considerados os primeiros registros conhecidos em que se trata abertamente do extermínio de judeus.

DJ ou DJV (Deutsches Jungvolk). "Jovens do Povo Alemão", braço da Juventude Hitlerista para meninos entre dez e quatorze anos de idade.

EINSATZGRUPPEN. Oficialmente, Einsatzgruppen der Sicherheitspolizei und des SD, "Forças-tarefa ou grupos de desdobramentos da SS" (SiPo e SD), conhecidos como "Esquadrões da Morte". Formados por unidades móveis, os Einsatzgruppen seguiam de perto o avanço da Wehrmacht no Leste Europeu, identificando e eliminando judeus, ciganos e a *intelligentsia* local. Os principais foram: Einsatzgruppe A, que operou na Lituânia, Letônia e Estônia (Vilna, Riga e Kovno); Einsatzgruppe B, que atuou na Polônia, Bielorrússia, Ucrânia e Rússia (Brest-Litovsk, Minsk, Smolensk, Grodno, Slomim, Gomel e Mogilev, entre outras); Einsatzgruppe C, que atuou na Polônia e na Ucrânia (Kiev,

GLOSSÁRIO

Kremenets, Kharkov, Tarnopol, Zhitomir e Zolochev); e Einsatzgruppe D, que perpetrou massacres na Ucrânia e na Crimeia (Nikolayev, Kherson, Simferopol, Sebastopol e Feodosiya).

ESPAÇO VITAL. Ver Lebensraum.

FBK (Führerbegleitkommando). Originalmente, SS-Begleitkommando des Führers (SS-BkdF), "Comando de escolta SS do Führer". Grupo criado em 29 de fevereiro de 1932 para proteção de Hitler. De início, era composto por oito membros (Dirr, Gelzenleuchter, Gildisch, Gesche, Herzberger, Kempka, Körber e Schädle). Os membros adicionais do comando FBK foram escolhidos entre soldados da LSSAH (1933-1945), criada inicialmente a partir do grupo de guarda-costas do Führer. Deixou de existir em 30 de abril de 1945.

FRANZ-EHER-VERLAG. Casa editorial do NSDAP, comprada em 17 de dezembro de 1920. Além da publicação de *Mein Kampf* (1925), foi responsável pelos periódicos nazistas *Das Schwarze Korps*, *Völkischer Beobachter*, *llustrierter Beobachter* e *Nationalsozialistische Monatshefte*. Funcionou até 1945.

FREIKORPS (ou Freiwilligenkorps). "Corpos Livres." Unidades paramilitares que surgiram na Alemanha após a derrota na Primeira Guerra Mundial e lutaram contra a esquerda revolucionária. Mantiveram as atividades até 1920, apesar da criação da Reichswehr, organizada em 1919. Importantes líderes nazistas ou militares participaram dos Freikorps, como Hess, Himmler, Bormann, Frank, Röhm e Canaris.

FRONTBANN. Confederação de unidades paramilitares organizada para substituir a SA, que havia sido proibida após o Putsch da Cervejaria. Criada em abril de 1924, foi dissolvida em fevereiro de 1925.

FÜHRER. "Líder", "condutor" ou "guia". Na nomenclatura nazista, designava Adolf Hitler (1889-1945), líder supremo do NSDAP e, depois, da Alemanha nacional-socialista ou Alemanha nazista (1934-45), quando ele unificou o cargo de Reichskanzler (chanceler), que ocupava, com o de Reichspräsident (presidente), após a morte de Paul von Hindenburg (1847--1934), presidente do país entre 1925 e 1934.

FÜHRERBUNKER. O "bunker do Führer". Complexo abrigo subterrâneo construído próximo à Chancelaria do Reich, em Berlim (1943-44). Local do suicídio de Hitler (30 de abril de 1945). Começou a ser destruído em 1947. Na década de 1990, os últimos vestígios foram soterrados e deram lugar a um conjunto de prédios residenciais.

FÜHRERPRINZIP. O "princípio do Führer" ("princípio de liderança" ou "princípio da infalibilidade da liderança do Führer"). A base do Estado nazista, segundo o qual o desejo de Hitler estava acima de qualquer lei escrita.

FÜHRERSONDERZUG. O trem blindado especial de Hitler, inicialmente chamado de *América* (1940) e, mais tarde, *Brandenburg* (1943); construído entre 1937 e 1939; foi destruído por Schaub, seguindo ordens de Hitler, em 1945.

GAULEITER. Líder regional do NSDAP; chefe de um Gau, depois Reichsgau (que substituiu a divisão da Alemanha em estados; eram 32 em 1934 e 42 em 1939); o segundo posto mais alto no partido depois de Reichsleiter.

GESTAPO (Geheime Staatspolizei). A "Polícia Secreta do Estado", uma das mais temidas instituições do Terceiro Reich. Criada por Göring em 26 de abril de 1933, passou à supervisão da SS de Himmler em 1934 e ao RSHA em 1939.

GUETO. Do italiano *ghetto,* desde a Idade Média indicava um bairro ou lugar determinado para estabelecimento da comunidade judaica. Durante a Segunda Guerra Mundial, os nazistas criaram mais de mil guetos no Leste Europeu, sendo o de Varsóvia, na Polônia, o maior deles, com cerca de 400 mil pessoas. Outros guetos importantes: Lodz, Cracóvia, Lvov, Lublin, Vilna, Kovno e Minsk.

HEER. Exército alemão (1935-1945), parte da Wehrmacht. Entre 1939 e 1945, aproximadamente 13,6 milhões de soldados serviram no Exército.

HIAG (Hilfsgemeinschaft auf Gegenseitigkeit der ehemaligen Angehörigen der Waffen-SS). "Associação de ajuda mútua de ex-membros da Waffen-SS." Organização criada em 1951.

HITLERGRUSS. A saudação nazista, usada de muitas formas em eventos, apresentações ou cumprimentos formais ou não — como "*Heil Hitler*", "*Heil, mein Führer*", "*Sieg Heil*" ou simplesmente "*Heil!*". Surgiu em 1925 e se tornou comum entre 1933 e 1945. Seu uso só foi estendido aos militares em 1944.

HJ (Hitler-Jugend ou Hitlerjugend). "Juventude Hitlerista." Organização paramilitar do NSDAP composta por jovens entre dez e dezoito anos de idade (os meninos entre dez e quatorze pertenciam à DJ). Período: 4 de julho de 1926 a 10 de outubro de 1945. Líderes: Baldur von Schirach (1926-40) e Artur Axmann (1940-45). Em 1940, contava com mais de 8 milhões de membros. Em 1944, jovens da HJ formaram a Divisão SS-Panzer Hitlerjugend.

HORST-WESSEL-LIED. "Canção Horst Wessel", também conhecida como "*Die Fahne hoch*", "Bandeiras ao alto". Hino oficial da SA e do NSDAP, escrito por Horst Wessel (1927-29), tendo como base uma melodia do século XIX.

HOSSBACH, Memorando. Registro feito pelo então coronel Friedrich Hossbach da reunião de 5 de novembro de 1937, em que Hitler expôs às lideranças militares sua política expansionista. Entre outros, estavam presentes Göring, Raeder e Blomberg. O documento serviu como prova de acusação nos julgamentos de Nuremberg.

HSSPF (Höherer SS und Polizeiführer). Chefe supremo da SS e da polícia para determinada região.

GLOSSÁRIO

HWA (Heereswaffenamt). Escritório de Armas do Exército, responsável pela pesquisa e pelo desenvolvimento de armas, munições e equipamentos (1922-1945).

IG FARBEN. Conglomerado de empresas químicas alemãs, criado em 1925. Incluía a AGFA, a BASF, a Bayer, a Hoschst e outras. Detinha a patente do Zyklon B. Usou mais de 330 mil trabalhadores escravos (1943). Foi desmembrada em 1955.

IGREJA CONFESSANTE (Bekennende Kirche). Movimento religioso protestante criado em 1934 e liderado pelo pastor Martin Niemöller. Contou com o apoio de Bonhoeffer. Seus membros acreditavam que o cristianismo não era compatível com o nazismo.

ILLUSTRIERTER BEOBACHTER. Revista ilustrada de propaganda nazista (1926-1945).

INCÊNDIO DO REICHSTAG. O parlamento alemão foi incendiado em 27 de fevereiro de 1933 pelo comunista holandês Marinus van der Lubbe, o que levou o presidente Hindenburg a decretar a suspensão dos direitos civis na Alemanha, o que abriu caminho para a ditadura de Hitler, então chanceler, que afirmou que a ação de Lubbe se tratava de uma conspiração comunista.

JULGAMENTOS DE NUREMBERG. Nomeia uma série de processos julgados pelo Tribunal Internacional Militar (International Military Tribunal — IMT), organizados pelos Aliados e reunidos em Nuremberg. O IMT foi responsável pelo julgamento das 24 principais lideranças nazistas, acusadas de: a) crimes contra a paz; b) planejar e praticar uma guerra de agressão; c) crimes de guerra; e d) crimes contra a humanidade. Foram realizados entre 20 de novembro de 1945 e 1º de novembro de 1946. Outros doze tribunais militares julgaram processos de crimes de guerra e contra a humanidade entre 1946 e 1949.

JUVENTUDE HITLERISTA. Ver HJ.

KAPO. Prisioneiros dos KZs que cumpriam tarefas administrativas ou supervisionavam trabalhos forçados.

KDF (Kanzlei des Führers der NSDAP ou Kanzlei des Führers). "Chanceler do Führer." Título dado ao chefe da Chancelaria privada do Führer, que tratava de diferentes questões, como a correspondência e pedidos pessoais de partidários que eram levados a Hitler (1934-1945).

KDF (Kraft durch Freude). "Força pela Alegria." Criada em 27 de novembro de 1933, fazia parte da DAF e era encarregada de organizar, controlar e sincronizar as atividades de lazer da população alemã.

KRIEGSMARINE. A Marinha alemã durante o Terceiro Reich. Entre 1939 e 1945, aproximadamente 1,5 milhão de homens serviram na Kriegsmarine. Período: 1º de junho de 1935 a maio de 1945. Comandantes: grande almirante Erich Raeder (1935-43) e grande almirante Karl Dönitz (1943-45).

KRIPO (Kriminalpolizei). "Polícia Criminal." Fazia parte da SiPo.

KRISTALLNACHT. Ver Noite dos Cristais.

KZ (Konzentrationslager). "Campo de concentração." Durante o Terceiro Reich, os nazistas criaram e operaram mais de mil KZs, divididos entre campos de prisioneiros ou inimigos do Estado; os de trabalhos forçados ou escravo; e os de extermínio (Vernichtungslager). Os principais eram: Arbeitsdorf, Bergen-Belsen, Buchenwald, Dachau, Flossenbürg, Gross-Rosen, Hinzert, Mittelbau-Dora, Mauthausen, Neuengamme, Ravensbrück, Sachsenhausen, Niederhagen-Wewelsburg e Stutthof (em território alemão); Auschwitz I (principal), Auschwitz-Birkenau, Auschwitz-Monowitz, Majdanek, Warschau e Płaszow (na Polônia).

LEBENSBORN. "Fonte de Vida." Associação da SS criada em 12 de dezembro de 1935 para fomentar a reprodução de crianças classificadas como "racialmente puras", geradas por mulheres "perfeitamente adequadas". Era dirigida por Max Sollmann (administração) e Gregor Ebner (médico). Mais de trinta Lebensborn foram criados na Alemanha, na Áustria, na Bélgica, na Holanda, em Luxemburgo, na Noruega, na Dinamarca e na Polônia. Só na Alemanha nasceram cerca de 12 mil bebês.

LEBENSRAUM. "Espaço vital." Termo criado pelo geógrafo Friedrich Ratzel (1844-1904) e uma das bases da ideologia nazista para ocupação do leste da Europa e reparação aos territórios alemães perdidos com o Tratado de Versalhes. Segundo essa crença, os alemães ("arianos") tinham direito a um território que lhes pudesse fornecer meios econômicos de sobrevivência. Hitler conheceu a teoria do "espaço vital" por meio de Karl Haushofer, professor de geopolítica de Hess.

LEGIÃO CONDOR. Em alemão, *Legion Condor*, força militar nazista composta por unidades da Luftwaffe e do Exército (aproximadamente 7 mil homens) que serviu aos nacionalistas de Franco (1892-1975) durante a Guerra Civil Espanhola (1936-39). Foi responsável pelo bombardeio que destruiu Guernica (26 de abril de 1937).

LEIS DE NUREMBERG. Série de medidas antissemitas, promulgadas em 15 de setembro de 1935 na cidade de Nuremberg, onde ocorriam os comícios anuais do NSDAP. Retiravam direitos da população judaica na Alemanha, proibindo, entre outras coisas, o relacionamento entre alemães e judeus.

LIGA DAS JOVENS ALEMÃS. Ver BDM.

LSSAH (Leibstandarte SS Adolf Hitler). Divisão de elite da SS (1933-1945), inicialmente criada como guarda pessoal de Hitler, depois integrada à Waffen-SS e designada Divisão Panzergrenadier.

LUFTWAFFE. A Força Aérea alemã durante o Terceiro Reich. Embora estivesse funcionando em segredo desde 1933, só foi oficialmente criada dois anos de-

GLOSSÁRIO

pois. Entre 1939 e 1945, aproximadamente 3,4 milhões de homens serviram na Luftwaffe, com mais de 119 mil aeronaves. Período: 26 de fevereiro de 1935 a 20 de agosto de 1946. Comandantes: marechal do Reich Hermann Göring (1933-45) e o marechal do ar Robert von Greim (1945).

MEIN KAMPF. *Minha luta*, título do livro publicado por Hitler em dois volumes (1925-1926). Relato biográfico autopromocional e manifesto político de ideias racistas, tinha como subtítulo "Viereinhalb Jahre des Kampfes gegen Lüge, Dummheit und Feigheit", "Quatro anos e meio de luta contra mentiras, estupidez e covardia". Até 1945, vendeu quase 12,5 milhões de cópias.

MISCHLING(E). "Mestiço." Pessoa com ancestrais arianos e judeus, segundo as Leis de Nuremberg.

MUTTERKREUZ (ou Ehrenkreuz der deutschen Mutter). A "Cruz de Honra das Mães Alemãs" foi criada em 16 de dezembro de 1938 e era concedida de início mães consideradas racialmente arianas e genitoras de, no mínimo, quatro filhos. Tempos depois, a condecoração recebeu divisões: mães com oito filhos ou mais recebiam a Cruz de Ouro; com seis filhos ou mais, a Cruz de Prata; e com quatro filhos ou mais, a Cruz de Bronze.

NACHT DER LANGEN MESSER. Ver Noite das Facas Longas.

NAUMANN-KREIS. O "Círculo Naumann" foi uma organização neonazista criada por Werner Naumann, último secretário de Estado do Ministério da Propaganda, com atividades na década de 1950.

NOITE DAS FACAS LONGAS (ou Noite dos Longos Punhais). Em alemão, *Nacht der langen Messer*. Expurgo liderado por Hitler na noite de 30 de junho/1º de julho de 1934, quando foram assassinados líderes da SA (como Ernst Röhm), facções do NSDAP (Gregor Strasser) e antinazistas (Kurt von Schleicher e Gustav Ritter von Kahr).

NOITE DOS CRISTAIS. Em alemão, *Kristallnacht*. *Pogrom* antissemita, realizado pela SA e por civis em toda a Alemanha durante os dias 9 e 10 de novembro de 1938. O nome é uma alusão aos vidros quebrados das vitrines do comércio judeu, destruído durante as ações. Sinagogas e outros edifícios de propriedade de judeus foram incendiados. O pretexto para o ataque foi o assassinato, em Paris, do diplomata alemão Ernst vom Rath (1909-38) por Herschel Grynszpan (1921-45), judeu polonês.

NS-FRAUENSCHAFT (Nationalsozialistische Frauenschaft). Liga das Mulheres Nazistas. Funcionou entre 1931 e 1945. Teve como líderes Guida Diehl (1931-34) e Gertrud Scholtz-Klink (1934-45).

NSDAP (Nationalsozialistische Deutsche Arbeiterpartei). Partido Nacional-Socialista dos Trabalhadores Alemães, ou Partido Nazista, criado em 20 de fevereiro de 1920 em Munique e anunciado publicamente na Hofbräuhaus quatro dias depois. Foi refundado em 24 de fevereiro de 1925. Seus líderes foram: Drexler (1920-21), Hitler (1921-45) e Bormann (1945). No final da Segunda Guerra, tinha mais de 8,5 milhões de membros. Foi dissolvido e declarado proibido em 10 de outubro de 1945.

NSDAP-AO (Auslands-Organisation der NSDAP). "Organização do NSDAP no Exterior." Braço do Partido Nazista no exterior, foi criado em 1º de maio de 1931 e extinto com o NSDAP em 1945. O NSDAP esteve presente em 83 países. No Brasil, o líder foi Hans Henning von Cossel (1937), adido da Embaixada alemã e editor do *Deutscher Morgen*.

NSSB (Nationalsozialistischer Schülerbund). "Federação de Estudantes Nacional--Socialistas", que funcionou entre 1927 e 1933.

OBW (Oberster Befehlshaber der Wehrmacht). Comandante supremo das Forças Armadas: Adolf Hitler (1938-1945).

OKH (Oberkommando des Heeres). Alto-Comando do Exército.

OKL (Oberkommando der Luftwaffe). Alto-Comando da Força Aérea.

OKM (Oberkommando der Marine). Alto-Comando da Marinha.

OKW (Oberkommando der Wehrmacht). Alto-Comando das Forças Armadas. Período: 4 de fevereiro de 1938 a 8 de maio de 1945. Comandante: Wilhelm Keitel, tendo como chefe de operações Alfred Jodl. Sede: Wünsdorf, Zossen.

OPERAÇÃO BARBAROSSA. Iniciada em 22 de junho de 1941, foi a maior operação planejada e executada pela Wehrmacht durante a Segunda Guerra Mundial. A ação lançou contra a URSS mais de 3,8 milhões de soldados, com 3,5 mil tanques e quase 5 mil aviões, dando início ao plano nazista de conquista do "espaço vital" no Leste Europeu e uma brutal guerra de extermínio sem precedentes na história.

OPERAÇÃO REINHARDT (Aktion Reinhardt ou Einsatz Reinhardt). Codinome da ação orquestrada para exterminar judeus, ciganos e outros do território do governo-geral da Polônia (1941-43). Entre 1,7 e 2 milhões de pessoas foram assassinadas.

OPERAÇÃO VALQUÍRIA (Unternehmen Walküre). Plano originalmente criado para manter o governo nazista funcionando em Berlim por meio do Exército de Reserva em caso de agitação interna. Foi usado pelos conspiradores para tentar derrubar os nazistas após o atentado contra Hitler, em 20 de julho de 1944. Como o plano falhou, os principais conspiradores foram presos e executados na prisão de Plötzensee.

ORDEM DA CAVEIRA (ou da Cabeça de Caveira). A SS de Himmler, assim chamada devido à caveira usada como insígnia em uniformes e bandeiras.

GLOSSÁRIO

ORDEM DOS COMISSÁRIOS (Richtlinien für die Behandlung politischer Kommissare). As "Diretrizes para o tratamento de comissários políticos" foi emitida pelo OKW em 6 de junho de 1941, antes da Operação Barbarossa, e instruía a Wehrmacht a executar sumariamente todo comissário político soviético capturado.

ORDEM NEGRA. A SS de Himmler, assim chamada devido aos uniformes pretos.

ORGANIZAÇÃO TODT (Organisation Todt ou OT). Criada por Fritz Todt em 1938, era um grupo paramilitar de construção e engenharia do Terceiro Reich. Durante a Segunda Guerra Mundial, utilizou-se de trabalho forçado e mão de obra de prisioneiros de guerra.

ORPO (Ordnungspolizei). "Polícia da Ordem." Força policial civil do Terceiro Reich (1936-45), subordinada ao Ministério do Interior e à SS.

PACTO MOLOTOV-RIBBENTROP (ou Pacto Nazi-Soviético). Assinado em 23 de agosto de 1939 pelos ministros das Relações Exteriores da URSS e da Alemanha, era um tratado de não agressão que previa colaboração econômica e estabelecia esferas de influência política e militar, como a divisão da Polônia entre os dois países.

PANZER. Abreviatura de Panzerkampfwagen, veículo blindado de combate. Mais tarde passou a designar as unidades blindadas do Exército e da Waffen-SS, as chamadas Panzerdivision (PzDiv), "Divisão Panzer".

PLANO GERAL DO LESTE. Em alemão, *Generalplan Ost,* ou GPO (1940-42). Plano nazista para a limpeza étnica e o genocídio da população do Leste Europeu, deixando livre o "espaço vital" para a colonização dos alemães.

PLANO MANSTEIN. Desenvolvido em 1940 pelo então tenente-general Manstein, que modificava a ideia do Plano Amarelo (1939) de atacar a França através da Bélgica (como a Alemanha havia feito em 1914, com o Plano Schlieffen), fazendo com que o ataque principal, em "corte de foice", ocorresse pelas Ardenas.

PLANO QUADRIENAL. Série de medidas econômicas adotadas por Hitler sob o comando de Göring a fim de preparar a Alemanha para a autossuficiência em um período curto, entre 1936 e 1940. Promoveu a redução de emprego, a construção de obras públicas e a produção de automóveis, aquecendo a economia.

POGROM. Do russo *gromit,* "destruir". Historicamente, refere-se a ataques à população judaica (desde o século XIX).

PROJETO URÂNIO. Em alemão, *Uranprojekt,* o projeto de energia nuclear desenvolvido entre 1939 e 1945. Envolveu vários cientistas de renome internacional, como Otto Hahn e Werner Heisenberg.

PUTSCH (ou Putsch da Cervejaria). Tentativa fracassada de golpe de Estado por Hitler contra o governo bávaro, ocorrida em 9 de novembro de 1923 na cervejaria Bürgerbräukeller, em Munique. Entre os comandantes golpistas estavam Hess, Göring, Röhm e o general Erich Ludendorff.

RAÇA SUPERIOR. Em alemão, *Herrenvolk* ou *Herrenrasse*, "Povo de Senhores" ou "raça superior". Fazia parte da ideologia nazista, que tinha os nórdicos e germânicos como povos dotados de inteligência e capacidade superiores às dos demais povos.

RAD (Reichsarbeitsdienst). "Serviço de Trabalho do Reich." Organização criada para amenizar os efeitos do desemprego e militarizar a força de trabalho de acordo coma a ideologia nazista. Funcionou entre 1935 e 1945.

REICHSBANK. O Banco Central da Alemanha (1876-1945). Entre 1939 e 1945, foi renomeado para Deutsche Reichsbank.

REICHSGAU(E). Subdivisão administrativa, criada em várias áreas ocupadas pela Alemanha (1938-45) no centro-leste da Europa (Áustria, Tchecoslováquia e Polônia).

REICHSJUGENDFÜHRER. Posto mais alto dentro da Juventude Hitlerista; líder.

REICHSKOMMISSAR. "Comissário do Reich." Os comissários recebiam missões nos territórios europeus ocupados pela Alemanha durante a Segunda Guerra Mundial. Apenas Himmler tinha um comissariado especial, o de Reichskommissar für die Festigung deutschen Volkstums (comissário do Reich para o Fortalecimento do Povo Alemão), entre 1939-45.

REICHSLEITER. O segundo posto mais alto no NSDAP, vinculado diretamente ao gabinete do Führer.

REICHSSTATTHALTER. Governador ou "deputado" do Reich, cargo administrativo que gerenciava os dezessete estados que compunham a Alemanha nazista (1933) — depois do Anschluss, ampliados para 28.

REICHSWEHR. As Forças Armadas da República de Weimar, em atividade de 1919 a 1935. Substituiu o Reichsheer ou Deutsches Heer (1871-1918), sendo, por sua vez, substituída pela Wehrmacht (1935-45).

REPÚBLICA DE WEIMAR (Weimarer Republik). Assim chamada a Alemanha democrática, que foi criada após a Primeira Guerra Mundial e durou até o Terceiro Reich, entre 1919 e 1933. Foi em Weimar que se reuniu a Assembleia Nacional para promulgar a nova Constituição, em 6 de agosto de 1919.

RMEL (Reichsministerium für Ernährung und Landwirtschaft). Ministério da Alimentação e Agricultura do Reich.

RMFDBO (Reichsministerium für die besetzten Ostgebiete). Ministério do Reich para os Territórios Orientais Ocupados.

RMFBUM (Reichsministerium für Bewaffnung und Munition). Ministério de Armamentos e da Produção de Guerra.

GLOSSÁRIO

RMVP (Reichsministerium für Volksaufklärung und Propaganda). Criado em 1933, o "Ministério de Esclarecimento Popular e Propaganda do Reich", mais conhecido como "Ministério da Propaganda", foi liderado por Joseph Goebbels até sua morte, em 1945. Era responsável pela criação e pelo controle da imprensa (escrita e de radiodifusão) e das artes (literatura, cinema, teatro e música).

ROSA BRANCA (Weisse Rose). Grupo estudantil de resistência ao nazismo que atuou a partir da Universidade de Munique. Operou entre junho de 1942 e fevereiro de 1943, quando os irmãos Scholl foram presos, julgados, condenados por alta traição e executados; durante aquele ano, outros membros do grupo também foram executados.

RPK (Reichspressekammer). "Câmara de Imprensa do Reich." Foi presidida durante o Terceiro Reich por Max Amann.

RSD (Reichssicherheitsdienst). "Serviço de Segurança do Reich." Criado em 15 de março de 1933, foi extinto em 8 de maio de 1945. Era comandado pelo SS-Gruppenführer Johann Rattenhuber. Originalmente fazia parte da segurança pessoal de Hitler (FBK) e, em seguida, foi ampliado para dar segurança a todos os membros do alto escalão nazista.

RSHA (Reichssicherheitshauptamt). Criado em 1939, o "Gabinete Central de Segurança do Reich" reunia os principais serviços de inteligência e segurança (Gestapo, Kripo, SD e SiPo). Foi dirigido por Heydrich (1939-1942), Himmler (1942-43) e Kaltenbrunner (1943-45).

RUSHA (Rasse-und Siedlungshauptamt). O "Gabinete Central para Raça e Reassentamento" era o escritório da SS responsável por fiscalizar e manter a "pureza racial" dentro da organização e da Alemanha, além de planejar e controlar a ocupação dos territórios por alemães (1931-1945).

SIPO (Sicherheitspolizei). "Polícia de Segurança." Reunia a Gestapo e a Kripo. Operou entre 1934 e 1949.

SA (Sturmabteilung). "Tropas de Assalto" ou "Destacamento Tempestade". Organização paramilitar do NSDAP, criada em 1921. Permaneceu operando até 1945, embora depois de 1934 como subordinada da SS.

SAUDAÇÃO NAZISTA. Ver Hitlergruss.

SD (Sicherheitsdienst). "Serviço de Informações da SS." Dividido em setores: questões internas (SD-Inland) e externas (SD-Ausland).

SOCIEDADE THULE. Ver Thule-Gesellschaft.

SOLUÇÃO FINAL (Endlösung). Termo usado em uma carta de Göring a Heydrich, datada de 31 de julho de 1941, em que o primeiro determinava a preparação de uma "Solução Final para a Questão Judaica", um eufemismo para o extermínio de judeus na Europa ocupada pelos nazistas.

SONDERKOMMANDOS. Unidades de trabalho compostas por prisioneiros dos campos de extermínio (1942-45). Eram responsáveis, entre outras coisas, pela operação dos fornos crematórios. Ver SS-Sonderkommandos.

SS (Schutzstaffel). "Tropa de Proteção" ou "Esquadrão de Proteção". Sua sede "mística" ficava no castelo de Wewelsburg. Em 1931, a SS contava com quatrocentos homens; em 1933 com 50 mil; em 1945, aproximadamente 1 milhão de homens, de vários países e divisões. Foram líderes da SS: Julius Schreck (1925-26); Joseph Berchtold (1926-27); Erhard Heiden (1927-29); Heinrich Himmler (1929-45), o mais notório deles; e Karl Hanke (1945).

SSPF (SS und Polizeiführer). Usado para designar um oficial sênior, comandante de unidades da SS e da polícia. O líder era chamado de Höheren SS und Polizeiführer (HSSPF).

SS-SONDERKOMMANDOS. Unidades da SS (1938-45) formadas para realizar tarefas especiais nos territórios ocupados, incluindo assassinatos em larga escala.

SS-TOTENKOPFVERBÄNDE. As "unidades da caveira". Organização da SS, criada em 1933, responsável pela administração de campos de concentração e de extermínio.

SS-VERFÜGUNGSTRUPPE (SS-VT). Entidade criada em 1934 com a fusão de várias unidades paramilitares nazistas, sendo mais tarde integrada à Waffen-SS.

SUÁSTICA (Hakenkreuz). Antigo símbolo solar, utilizado em diversas partes do mundo desde a Antiguidade. Usado pela Sociedade Thule e pelos movimentos nacionalistas alemães pré-Primeira Guerra Mundial, foi adotada pelos nazistas em 1920. (Por sugestão feita pelo dentista Friedrich Krohn, membro da Thule, a suástica era usada desde 1919 pelo DAP.) Em 1935, a bandeira com a suástica passou a ser o símbolo nacional.

TERCEIRO REICH. Nome dado ao período em que Hitler esteve no poder, também chamado de Alemanha nazista ou NS-Staat ("Estado Nacional-Socialista"), entre 1933-45. Oficialmente era chamado de Grossdeutsche Reich ("Grande Império Alemão"), uma alusão à sequência de impérios anteriores, o Sacro Império Romano-Germânico (1800-06) e o Império Alemão (1871-1918). Os nazistas acreditavam que o Terceiro Reich duraria mil anos.

THULE-GESELLSCHAFT (Sociedade Thule). Organização mística ocultista secreta criada por Rudolf von Sebottendorff em 1917-18, originalmente como Studiengruppe für germanisches Altertum ("Grupo de estudos da Antiguidade germânica"), a partir da Germanen-Orden ("Ordem Germânica"), fundada em 1912, em Leipzig. Foi dissolvida em 1930. Teve entre seus membros nomes mais

GLOSSÁRIO

tarde ligados ao nazismo, como Rudolf Hess, Hans Frank e Alfred Rosenberg. Influenciou a criação do DAP (NSDAP) e do *Völkischer Beobachter*.

TRIBUNAL MILITAR INTERNACIONAL. Ver Julgamentos de Nuremberg.

TRIBUNAL POPULAR. Ver VGH.

ÜBERMENSCH(EN). "Super-homem." Expressão descrita no livro *Assim falou Zaratustra*, de Friedrich Nietzsche (1844-1900), e idealizada pelos nazistas para o homem ariano, forte, poderoso e invencível.

UNTERMENSCH(EN). "Sub-humano." Termo usado para descrever os chamados "povos inferiores", tais como judeus, ciganos e eslavos.

VERNICHTUNGSLAGER. "Campos de extermínio." Todos em território polonês: Auschwitz-Birkenau, Bełżec, Chełmo (ou Kulmhof), Majdanek, Sobibor, Treblinka. Funcionaram entre outubro de 1941 e janeiro de 1945. Juntos, foram responsáveis pelo assassinato de 2,7 a 3,2 milhões de pessoas, entre judeus, ciganos e outros.

VGH (Volksgerichtshof). "Tribunal Popular." Criado em 1º de julho de 1934 como tribunal especial para crimes contra o Estado. Funcionou até 24 de abril de 1945.

VICHY, França de. Assim chamada a zona sul do país, não ocupada pelos alemães em 1940; Estado francês governado pelo marechal Pétain em colaboração com os nazistas. Depois de 1942, a área também foi ocupada. A França foi libertada em 1944.

VÖLKISCHER BEOBACHTER. "Observador popular", jornal oficial do NSDAP. Originalmente *Münchener Beobachter*, criado em 1919 pela Sociedade Thule, foi comprado pelo NSDAP em 1920. Em um primeiro momento, o periódico, de circulação semanal, passou a ser diário em 8 de fevereiro de 1923. Em 1944, sua tiragem era de mais de 1,7 milhão de exemplares. A última edição saiu em 30 de abril de 1945.

VOLKSSTURM (ou Deutsche Volkssturm). "Tempestade Popular Alemã." Unidade militar criada em 18 de outubro de 1944, composta por todos os homens capazes entre dezesseis e sessenta anos que não estivessem servindo em outras unidades. Obedecia diretamente à liderança do NSDAP.

WAFFEN-SS. As Forças Armadas da SS (1940-1945). Contou com 38 divisões, aproximadamente 1,7 milhão de homens segmentados em divisões Panzer (divisão blindada), Panzergrenadiere (infantaria blindada), Infanterie (infantaria), Gebirgsjäger (tropas de montanha), Artillerie (artilharia), Kavallerie (cavalaria) e Fallschirmjäger (paraquedistas). Além dos cerca de 830 mil alemães natos, compunham a Waffen-SS mais 920 mil soldados de outras nacionalidades (incluindo 185 mil alemães étnicos, 68 mil lituanos, 50 mil holandeses, 50 mil cossacos, 50 mil romenos e 20 mil franceses, entre outros).

WEHRMACHT. As Forças Armadas da Alemanha nazista, composta por Heer (Exército), Luftwaffe (Força Aérea) e Kriegsmarine (Marinha ou Marinha de Guerra). Substituiu a Reichswehr (1919-35). Período: 16 de março de 1935 a 8 de maio de 45. Estava subordinada ao comandante em chefe Adolf Hitler (1935-1945); e, abaixo dele, ao ministro da Guerra, Werner von Blomberg (1935-1938), e depois ao chefe do OKW, Wilhelm Keitel (1938-1945).

WOLFSSCHANZE. "A Toca do Lobo", em Rastenburg, à época Prússia Oriental e hoje na Polônia. Foi o mais importante dos quartéis-generais de Hitler, construído em 1941 para a Operação Barbarossa.

ZYKLON B. Pesticida à base de ácido cianídrico desenvolvido na Alemanha nos anos 1920 e patenteado pela IG Farben. Era usado para o gaseamento dos prisioneiros nos campos de extermínio.

Cronologia

24 fev. 1920 | Primeiro comício do Partido Nazista, NSDAP, criado quatro dias antes.

29 jul. 1921 | Hitler se torna líder do NSDAP.

4 nov. 1921 | Criação da SA.

8 e 9 nov. 1923 | Fracassa o Putsch da Cervejaria, em Munique.

11 nov. 1923 a 20 dez. 1924 | Hitler é preso em Landsberg.

24 fev. 1925 | Refundação do NSDAP.

4 abr. 1925 | Criação da SS.

18 jul. 1925 e 11 dez. 1926 | Publicação dos volumes 1 e 2 de *Mein Kampf*.

20 fev. 1928 | Eleições para o Reichstag. O NSDAP ocupa doze das 608 cadeiras.

24 out. 1929 | Quebra da Bolsa de Valores de Nova York, Grande Depressão.

13 mar. 1932 | Eleição presidencial. Hitler recebe 13,7 milhões de votos.

31 jul. 1932 | Eleições para o Reichstag. O NSDAP ocupa 230 das 608 cadeiras.

6 nov. 1932 | Novas eleições para o Reichstag. O NSDAP ocupa 196.

30 jan. 1933 | Hitler é nomeado chanceler da Alemanha.

27 fev. 1933 | Incêndio do Reichstag. No dia seguinte, Hitler ganha poderes especiais.

12 nov. 1933 | Eleições para o Reichstag. O NSDAP ocupa mais de 93% das cadeiras.

30 jun. 1934 | Noite das Facas Longas.

12 ago. 1934 | Morre o presidente Hindenburg. Hitler se autodeclara Führer da Alemanha.

19 ago. 1934 | Plebiscito. Hitler recebe mais de 89% dos votos.

13 jan. 1935 | Plebiscito. O Sarre volta a ser alemão, com 91% dos votos.

15 set. 1935 | Leis de Nuremberg.

7 mar. 1936 | A Renânia é ocupada por tropas alemãs.

2 a 4 fev. 1938 | Crise Blomberg-Fritsch.

12 mar. 1938 | Tropas alemãs cruzam a fronteira austríaca. Anschluss.

29 set. 1938 | Acordo de Munique. Dias depois a Alemanha ocupa os Sudetos (Tchecoslováquia).

9 nov. 1938 | Noite dos Cristais.

15 mar. 1939 | A Alemanha ocupa o território restante da Tchecoslováquia.

23 maio 1939 | Hitler informa a seus generais que a invasão da Polônia é inevitável.

23 ago. 1939 | Stálin e Hitler selam o Pacto Molotov-Ribbentrop (ou Nazi-Soviético).

1º set. 1939 | A Alemanha invade a Polônia, início da Segunda Guerra Mundial.

31 jul. 1941 | Göring ordena a Heydrich a preparação da Solução Final.

22 jun. 1941 | A Alemanha invade a URSS.

20 jan. 1942 | Conferência de Wannsee.

4 e 6 out. 1943 | Himmler profere os Discursos de Posen.

20 jul. 1944 | Atentado contra Hitler, na Toca do Lobo.

30 abr. 1945 | Hitler comete suicídio em Berlim.

7 e 8 maio 1945 | A Alemanha assina a rendição incondicional.

20 nov. 1945 a 1º out. 1946 | Julgamento dos principais líderes nazistas, em Nuremberg.

16 out. 1946 | Dez dos principais líderes nazistas são executados.

Notas

1. HITLER

1. William Shirer, *Ascensão e queda do Terceiro Reich*, v. 1, p. 34.
2. Rodrigo Trespach, *Grandes Guerras*, p. 242.
3. Joachim Fest, *Hitler*, v. 1, p. 57.
4. Ibid., p. 69.
5. Ibid., p. 70.
6. Christa Schroeder, *Doze anos com Hitler*, p. 19; e Ian Kershaw, *Hitler*, p. 524.
7. Ian Kershaw, op. cit., p. 244.
8. Timothy Ryback, *A biblioteca esquecida de Hitler*, p. 292; e Ian Kershaw, *Hitler: Um perfil do poder*, p. 24.
9. Ian Sayer e Douglas Botting, *Hitler e as mulheres*, p. 20; e Heike Görtemaker, *Eva Braun*, p. 23.
10. Mark Mazower, *O império de Hitler*, p. 189.
11. Sobre a morte de Hitler, a autópsia do cadáver e outras informações importantes a esse respeito, ver, entre outros, *A morte de Hitler*, de Jean-Christophe Brisard e Lana Parshina.

2. A CAMARILHA DE HITLER

1. Ian Kershaw, *Hitler*, p. 132.
2. Tania Crasnianski, *Filhos de nazistas*, p. 66.
3. International Military Tribunal, *Trial of the major war criminals before the IMT*, v. 22, p. 373.
4. Ian Kershaw, *Hitler*, p. 145.
5. Tania Crasnianski, op. cit., p. 47.
6. Peter Longerich, *Joseph Goebbels*, p. 75; Martin Kitchen, *História da Alemanha Moderna*, p. 354.

7. Antony Beevor, *O mistério de Olga Tchekova*, p. 159; Rodrigo Trespach, *Grandes Guerras*, p. 342.
8. Peter Longerich, op. cit., p. 14.
9. Heinz Linge, *With Hitler to the end*, p. 92; Robert Wittman e David Kinney, *O diário do diabo*, p. 272.
10. Reinhard Gehlen, *O Serviço Secreto*, pp. 98-9.
11. Heike Görtemaker, *Eva Braun*, p. 109.
12. Tania Crasnianski, op. cit., p. 162.
13. Ian Kershaw, op. cit., p. 738.
14. Guido Knopp, *Guerreiros de Hitler*, p. 102.
15. Mark Mazower, *O império de Hitler*, p. 189; e Guido Knopp, op. cit., p. 106.
16. Guido Knopp, op. cit., p. 128.
17. Correlli Barnett, *Os generais de Hitler*, p. 173.
18. Correlli Barnett, op. cit., p. 178.
19. Ian Kershaw, *O fim do Terceiro Reich*, p. 71.
20. Enzo Biagi, *Os generais de Hitler*, p. 115.
21. International Military Tribunal, op. cit., v. 13, p. 395.
22. Ian Kershaw, *O fim do Terceiro Reich*, p. 410.

3. NA INTIMIDADE DO FÜHRER

1. Christa Schroeder, *Er war mein Chef*, p. 42; e Ian Kershaw, *Hitler*, p. 407.
2. Timothy Ryback, *A biblioteca esquecida de Hitler*, p. 115.
3. Muitos dados sobre Hoffmann e seu trabalho constam em Heike Görtemaker, *Eva Braun*, pp. 18-34.
4. Christa Schroeder, *Doze anos com Hitler*, p. 14.
5. C. G. Sweeting, *O piloto de Hitler*, pp. 416-7.
6. Erich Kempka, *I was Hitler's chauffeur*, p. 21.
7. Ibid., pp. 71 e 78.
8. Heinz Linge, *With Hitler to the End*, p. 201; e Jean-Christophe Brisard e Lana Parshina, *A morte de Hitler*, p. 291.
9. Norman Ohler, *High Hitler*, p. 320.
10. Jean-Christophe Brisard e Lana Parshina, op. cit., pp. 192-4.

4. OS HOMENS DO HOLOCAUSTO

1. Robert Wittman e David Kinney, *O diário do diabo*, p. 82.
2. Ibid., p. 88.
3. Jürgen Matthäus e Frank Bajohr, *Os diários de Alfred Rosenberg*, p. 279.
4. Ibid., pp. 481-2.

5. Louis Snyder, *Encyclopedia of the Third Reich*, pp. 336-7.
6. Marc Hillel, *Em nome da raça*, p. 27.
7. Laurence Rees, *O Holocausto*, p. 414.
8. Mark Mazower, *O império de Hitler*, pp. 472-3.
9. Jean-Christophe Brisard e Lana Parshina, *A morte de Hitler*, p. 113.
10. Tania Crasnianski, *Filhos de nazistas*, pp. 27-8.
11. Sobre a biografia de Heydrich, ver Robert Gerwarth, *O carrasco de Hitler*; e Louis Snyder, op. cit., pp. 144-5.
12. Rodrigo Trespach, *Grandes Guerras*, p. 300.
13. Robert Gerwarth, op. cit., p. 319.
14. Hannah Arendt, *Eichmann em Jerusalém*, pp. 269-74.
15. Laurence Rees, op. cit., pp. 191, 213 e 292.
16. Tania Crasnianski, op. cit., pp. 139 e 149.
17. International Military Tribunal, *Trial of the major war criminals before the IMT*, v. 1, p. 252; e Rodrigo Trespach, op. cit., p. 416.
18. Tania Crasnianski, op. cit., p. 138; e Louis Snyder, op. cit., pp. 166-7.

5. A SERVIÇO DO NAZISMO

1. Richard J. Evans, *Terceiro Reich na história e na memória*, p. 213.
2. Fritz Thyssen, *I paid Hitler*, p. 54.
3. Hjalmar Schacht, *Setenta e seis anos de minha vida*, p. 346.
4. Guido Knopp, *Guerreiros de Hitler*, pp. 150-1.
5. Ibid., pp. 129 e 178.
6. Correlli Barnett, *Os generais de Hitler*, p. 462.
7. Guido Knopp, op. cit., pp. 28-9.
8. Sobre Wernher von Braun e suas relações com o Terceiro Reich, ver Wayne Biddle, *Dark Side of the Moon*.
9. Ver Michiko Kakutani, "Triumph of Willful Blindness to the Horror of History", em *The New York Times*, 13 mar 2007.

6. A RESISTÊNCIA AO NAZISMO NA ALEMANHA

1. Robert S. Wistrich, *Who's Who in Nazi Germany*, p. 227.
2. Ibid., p. 228.
3. USHMM.
4. Ian Kershaw, *Hitler*, p. 405.
5. Peter Longerich, *Joseph Goebbels*, p. 454.
6. Guido Knopp, *Guerreiros de Hitler*, p. 280; e Roger Manvell, *Os conspiradores*, p. 50.

7. Guido Knopp, op. cit., p. 291.
8. Roger Manvell, op. cit., pp. 127 e 141.

7. NAZISTAS NO BRASIL

1. Robert Proctor, *Racial Hygiene*, p. 300.
2. Detalhes sobre a fuga de Mengele estão em Gerald Posner e John Ware, *Mengele*.
3. Marcos Guterman, *Nazistas entre nós*, p. 136.
4. Ibid., p. 149.
5. Eric Frattini, *Mossad*, p. 53.

Referências

BIBLIOGRAFIA

ADAMS FILHO, Nelson. *A II Guerra entre nós*: no sul do Brasil. Porto Alegre: Edigal, 2019.
ALEOTTI, Luciano (org.). *Hitler*. São Paulo: Melhoramentos, 1975.
ALLEN, Martin. *A missão secreta de Rudolf Hess*. Rio de Janeiro: Record, 2007.
AMBROSE, Stephen E. *O Dia D, 6 de junho de 1944*. 9. ed. Rio de Janeiro: Bertrand Brasil, 2009.
ARENDT, Hannah. *Eichmann em Jerusalém*. São Paulo: Companhia das Letras, 1999.
BALDWIN, Hanson W. *Batalhas ganhas e perdidas*. Rio de Janeiro: Biblioteca do Exército, 1978.
BARNETT, Correlli (org.). *Os generais de Hitler*. Rio de Janeiro: Jorge Zahar, 2001.
BARONE, João. *1942*: o Brasil e sua guerra quase desconhecida. Rio de Janeiro: Nova Fronteira, 2013.
BAUR, Hans. *I was Hitler's pilot*. Barnsley: Frontline Books, 2013.
BEEVOR, Antony. *O mistério de Olga Tchekova*. Rio de Janeiro: Record, 2005.
_____. *Berlim 1945*. 8. ed. Rio de Janeiro: Record, 2009.
_____. *Stalingrado*. 10. ed. Rio de Janeiro: Record, 2009.
_____. *A Segunda Guerra Mundial*. Rio de Janeiro: Record, 2015.
_____. *A batalha das Ardenas*. São Paulo: Planeta, 2018.
BEZYMENSKI, Lev. *A morte de Adolf Hitler*. Rio de Janeiro: Edições Bloch, 1969.
BIAGI, Enzo (org.). *Os generais de Hitler*. Rio de Janeiro: Três, 1974.
BIDDLE, Wayne. *Dark Side of The Moon*: Werker von Braun, the Third Reich and the Space Race. Nova York: W. W. Norton, 2012.
BONHOEFFER, Dietrich. *Resistência e submissão*. São Leopoldo: Sinodal, 2003.

BRISARD, Jean-Christophe; PARSHINA, Lana. *A morte de Hitler*. São Paulo: Companhia das Letras, 2018.
BURUMA, Ian. *Ano zero, uma história de 1945*. São Paulo: Companhia das Letras, 2015.
CAMPBELL, Mark; HARSCH, Viktor. *Hubertus Strughold*. Neubrandenburg: Rethra Verlag, 2013.
CHESNOFF, Richard Z. *Bando de ladrões*. São Paulo: Manole, 2001.
CHURCHILL, Winston S. *Memórias da Segunda Guerra Mundial*. 4. ed. Rio de Janeiro: Nova Fronteira, 2015. 2 v.
CLODFELTER, Micheal. *Warfare and Armed Conflicts*. 4. ed. Jefferson: McFarland & Company, Inc., Publishers, 2017.
CORNWELL, John. *Os cientistas de Hitler*. Rio de Janeiro: Imago, 2003.
CRASNIANSKI, Tania. *Filhos de nazistas*. São Paulo: Vestígio, 2018.
DIETRICH, Ana Maria. *Nazismo tropical?* O partido nazista no Brasil. 2007. 301f. Tese (Doutorado em História) — Universidade de São Paulo, São Paulo, 2007.
DOBBS, Michael. *Seis meses em 1945*. São Paulo: Companhia das Letras, 2015.
DREHER, Martin N. *Igreja e germanidade*. São Leopoldo: Sinodal, 1984.
EVANS, Richard J. *Terceiro Reich na história e na memória*. São Paulo: Planeta, 2018.
FERNANDES, Fernando Lourenço. *A estrada para Fornovo*. São Paulo: Rio de Janeiro, 2009.
FEST, Joachim C. *No bunker de Hitler*. São Paulo: Objetiva, 2005.
_____. *Hitler*. 2. ed. São Paulo: Nova Fronteira, 2006. 2 v.
_____. *Conversas com Albert Speer*. Rio de Janeiro: Nova Fronteira, 2012.
FRATTINI, Eric. *Mossad*. São Paulo: Seoman, 2014.
FORREST, Benjamin K. *A história da pregação*. Rio de Janeiro: Thomas Nelson Brasil, 2020. 2 v.
GEHLEN, Reinhard. *O Serviço Secreto*. Rio de Janeiro: Biblioteca do Exército; Artenova, 1972.
GERTZ, René E. *O neonazismo no Rio Grande do Sul*. Porto Alegre: AGE; EdiPUCRS, 2012.
GERWARTH, Robert. *O carrasco de Hitler*. Rio de Janeiro: Cultrix, 2013.
GILBERT, Martin. *A Segunda Guerra Mundial*. Rio de Janeiro: Casa da Palavra, 2014.
_____. *Winston Churchill*: uma vida. Rio de Janeiro: Casa da Palavra, 2016. 2 v.
GINSBERG, Benjamin. *Judeus contra Hitler*. São Paulo: Cultrix, 2014.
GOŃI, Uki. *A verdadeira Odessa*. Rio de Janeiro: Record, 2004.
GÖRTEMAKER, Heike B. *Eva Braun*. São Paulo: Companhia das Letras, 2011.
GRUNBERGER, Richard. *A história da SS*. Rio de Janeiro: Record, 1974.
GUDERIAN, Heinz. *Panzer Leader*. Boston: Da Capo, 1996.
GUN, Nerin E. *Eva Braun:* a amante de Hitler. Rio de Janeiro: Record, 1968.
GUTERMAN, Marcos. *Nazistas entre nós*. São Paulo: Contexto, 2016.

REFERÊNCIAS

HART, B. H. Liddell. *O outro lado da colina*. Rio de Janeiro: Biblioteca do Exército, 1980.
HASTINGS, Max. *Inferno*. Rio de Janeiro: Intrínseca, 2012.
HAUNER, Milan. *Hitler*. Nova York: Palgrave MacMillan, 2008.
HEADLAND, Ronald. *Messages of Murder*. Vancouver: Fairleigh Dickinson University Press, 2000.
HEYDRICH, Lina. *Leben mit einem Kriegsverbrecher*. Pfaffenhofen an der Ilm: Verlag W. Ludwig, 1976.
HILLEL, Marc. *Em nome da raça*. Rio de Janeiro: Otto Pierre Editores, 1980.
HOFFMANN, Heinrich. *Hitler was My Friend*. Barnsley: Pen & Sword, 2012.
INGRAO, Christian. *Crer e destruir*. Rio de Janeiro: Jorge Zahar, 2015.
INTERNATIONAL MILITARY TRIBUNAL. *Trial of the major war criminals before the International Military Tribunal*. Nuremberg: International Military Tribunal, 1947. 42 v.
_____. *Trials of war criminals before the Nuremberg military tribunals*. Nuremberg: International Military Tribunal, 1949. 15 v.
JOHNSON, Paul. *Tempos modernos*. Rio de Janeiro: Biblioteca do Exército, 1994.
_____. *Churchill*. Rio de Janeiro: Nova Fronteira, 2010.
JUNGE, Traudl. *Until the Final Hour*. Nova York: Arcade Publishing, 2004.
KAMIENSKI, Lukasz. *Shooting Up*. Nova York: Oxford University Press, 2016.
KEEGAN, John. *Uma história da guerra*. São Paulo: Companhia das Letras, 1995.
KEMPKA, Erich. *I was Hitler's Chauffeur*. Barnsley: Frontline Books, 2012.
KERSHAW, Ian. *Hitler*: um perfil do poder. Rio de Janeiro: Jorge Zahar, 1993.
_____. *Hitler*. São Paulo: Companhia das Letras, 2010.
_____. *O fim do Terceiro Reich*. São Paulo: Companhia das Letras, 2015.
KING, David. *O julgamento de Adolf Hitler*. São Paulo: Novo Século, 2019.
KNIEBE, Tobias. *Operação Valquíria*. São Paulo: Planeta, 2009.
KNOPP, Guido. *Guerreiros de Hitler*. Rio de Janeiro: Jorge Zahar, 2009.
KOEHL, Robert Lewis. *História revelada da SS*. 2. ed. São Paulo: Planeta, 2015.
KRONAWITTER, Hildegard. Sophie Scholl: Eine Ikone des Widerstands. *Einsichten und Perspektiven*, München, n. 2, p. 80-91, 2014. (Bayerische Zeitschrift für Politik und Geschichte.)
LAMBERT, Angela. *A história perdida de Eva Braun*. São Paulo: Globo, 2007.
LEWIS, Damien. *Caçadores de nazistas*. São Paulo: Cultrix, 2016.
LINGE, Heinz. *With Hitler to the End*. Londres; Nova York: Frontline Books; Skyhorse Publishing, 2009.
LONGERICH, Peter. *Heinrich Himmler*: uma biografia. Rio de Janeiro: Objetiva, 2013.
_____. *Joseph Goebbels*: uma biografia. Rio de Janeiro: Objetiva, 2014.
LUKACS, John. *O Hitler da história*. Rio de Janeiro: Jorge Zahar, 1998.
_____. *O duelo*. Rio de Janeiro: Jorge Zahar, 2002.

MACHTAN, Lothar. *O segredo de Hitler*. Rio de Janeiro: Objetiva, 2001.
MANVELL, Roger. *Os conspiradores*. Rio de Janeiro: Renes, 1974a.
_____. *SS e Gestapo*. Rio de Janeiro: Renes, 1974b.
MATTHÄUS, Jürgen; BAJOHR, Frank. *Os diários de Alfred Rosenberg (1934-1944)*. São Paulo: Planeta, 2017.
MAZOWER, Mark. *O império de Hitler*. São Paulo: Companhia das Letras, 2013.
MEGARGEE, Geoffrey P. (org.). *Early camps, youth camps, and concentration camps and sub camps under the SS-Business Administration Main Office (WVHA)*. USHMM encyclopedia of camps and ghettos, 1933-1945, v. 1, v. 2. Bloomington: Indiana University Press, 2009.
_____. *Ghettos in German-Occupied Eastern Europe*. USHMM encyclopedia of camps and ghettos, 1933-1945, v. 1, v. 2. Bloomington: Indiana University Press, 2012.
MICHALCZYK, John J. *Medicine, Ethics, and the Third Reich*. Kansas City: Sheed & Ward, 1994.
MILSTEIN, Werner. *Dietrich Bonhoeffer*. São Leopoldo: Sinodal, 2006.
MOORHOUSE, Roger. *Quero matar Hitler*. São Paulo: Ediouro, 2009.
MÜLLER, Jürgen. *Nationalsozialismus in Lateinamerika*. Stuttgart: Hans-Dieter Heinz, 1997.
NYISZLI, Miklos. *Médico em Auschwitz*. Rio de Janeiro: Otto Pierre Editores, 1980.
OELHAFEN, Ingrid von; TATE, Tim. *As crianças esquecidas de Hitler*. São Paulo: Contexto, 2017.
OHLER, Norman. *High Hitler*. 2. ed. São Paulo: Planeta: 2017.
OLIVEIRA, Dennison. *Os soldados brasileiros de Hitler*. Curitiba: Juruá, 2011.
PAGET, Reginald T. *Manstein*. Rio de Janeiro: Biblioteca do Exército, 1999.
PEMPER, Mietek. *A lista de Schindler*. São Paulo: Geração Editorial, 2013.
PEREIRA, Durval Lourenço. *Operação Brasil*. São Paulo: Contexto, 2015.
PETERSON, Michael. *Decifradores de códigos*. São Paulo: Larousse, 2009.
POSNER, Gerald L.; WARE, John. *Mengele*. São Paulo: Cultrix, 2019.
POSNER, Patricia. *O farmacêutico de Auschwitz*. Rio de Janeiro: Globo Livros, 2018.
PROCTOR, Robert. *Racial Hygiene*. Harvard: University Press, 2002.
QUÉTEL, Claude. *As mulheres na guerra*: 1939-1945. São Paulo: Larousse, 2009.
RANGE, Peter Ross. *1924*: o ano que criou Hitler. Rio de Janeiro: HarperCollins Brasil, 2018.
REES, Laurence. *O Holocausto*. São Paulo: Vestígio, 2018.
RIGG, Bryan Mark. *Os soldados judeus de Hitler*. Rio de Janeiro: Imago, 2003.
ROBERTS, Andrew. *Hitler & Churchill*. Rio de Janeiro: Jorge Zahar, 2004.
ROLAND, Paul. *A vida secreta dos nazistas*. São Paulo: Universo dos Livros, 2018.
ROMMEL, Erwin. *Attacks*. Provo: Athena Press, 1979.
RYBACK, Timothy W. *A biblioteca esquecida de Hitler*. São Paulo: Companhia das Letras, 2009.

REFERÊNCIAS

_____. *As primeiras vítimas de Hitler*. São Paulo: Companhia das Letras, 2017.
SAYER, Ian; BOTTING, Douglas. *Hitler e as mulheres*. Campinas: Versus, 2005.
SCHAAKE, Erich. *Todas as mulheres de Hitler*. São Paulo: Lafonte, 2012.
SCHACHT, Hjalmar. *Setenta e seis anos de minha vida*. São Paulo: Editora 34, 1999.
SCHROEDER, Christa. *Doze anos com Hitler*. São Paulo: Objetiva, 2007.
_____. *Er war mein Chef*. Munique: Langen Müller, 1985.
SCHWAB, Jean-Luc; BRAZDA, Rudolf. *Triângulo rosa*. 2. ed. São Paulo: Mescla, 2012.
SHIRER, William L. *Ascensão e queda do Terceiro Reich*. Rio de Janeiro: Nova Fronteira, 2017. 4 v.
SNYDER, Louis L. *Encyclopedia of the Third Reich*. Nova York: Paragon House, 1989.
SPEER, Albert. *Inside the Third Reich*. Nova York: Simon & Schuster, 1990.
SWEETING, C. G. *O piloto de Hitler*. São Paulo: Jardim dos Livros, 2011.
TCHUIKOV, Vassily. *A conquista de Berlim*. São Paulo: Contexto, 2017.
THYSSEN, Fritz. *I paid Hitler*. Londres: Hodder and Stoughton, 1941.
TRESPACH, Rodrigo. *Histórias não (ou mal) contadas*: Segunda Guerra Mundial, 1939-1945. Rio de Janeiro: HarperCollins Brasil, 2017.
_____. *Histórias não (ou mal) contadas*: Primeira Guerra Mundial, 1914-1918. Rio de Janeiro: HarperCollins Brasil, 2018.
_____. *Grandes Guerras*. Rio de Janeiro: HarperCollins Brasil, 2022.
VULLIERME, Jean-Louis. *Espelho do Ocidente*. Rio de Janeiro: Difel, 2019.
WAACK, William. *As duas faces da glória*. São Paulo: Planeta, 2015.
WASSERSTEIN, Bernard. *Na iminência do extermínio*. São Paulo: Cultrix, 2014.
WERTH, Alexander. *Stalingrado 1942*. São Paulo: Contexto, 2015.
WINTERBOTHAM, F. W. *Enigma*. Rio de Janeiro: Biblioteca do Exército, 1978.
WISTRICH, Robert S. *Who's Who in Nazi Germany*. Londres: Routledge, 2002.
WITTMAN, Robert K.; KINNEY, David. *O diário do diabo*. Rio de Janeiro: Record, 2017.
ZELLER, Guillaume. *O pavilhão dos padres*: Dachau, 1938-1945. São Paulo: Contexto, 2018.

ACERVOS E ARQUIVOS CONSULTADOS

ABMM — Auschwitz-Birkenau Memorial and Museum | auschwitz.org

Arquivo Nacional | arquivonacional.gov.br

The Churchill Centre | www.winstonchurchill.org

CPDOC-FGV — Centro de Pesquisa e Documentação de História Contemporânea do Brasil da Fundação Getulio Vargas | cpdoc.fgv.br

German History in Documents and Images | germanhistorydocs.ghi-dc.org

Haus der Wannsee-Konferenz | www.ghwk.de

Hemeroteca Digital — Fundação Biblioteca Nacional | memoria.bn.br

Historisch-Technisches Museum Peenemünde | www.peenemuende.de

Historisches Lexikon Bayerns | www.historisches-lexikon-bayerns.de

Library of Congress | www.loc.gov

National Archives | www.archives.gov

Sociedade Internacional Bonhoeffer | www.sociedadebonhoeffer.org.br

USHMM — United States Holocaust Memorial Museum | www.ushmm.org

Weisse Rose Stiftung e.V. | www.weisse-rose-stiftung.de

Yad Vashem | www.yadvashem.org

Créditos das imagens

1. National Archives – 242-HF-1091.
2. National Archives – 208-PU-93Y(4).
3. National Archives – 242-HF-0160.
4. Álbum de fotos de Eva Braun / National Archives – 242-EB-10-17A.
5. Álbum de fotos de Eva Braun / National Archives – 242-EB-7-38A.
6. National Archives – 242-EB-7-15A.
7. Harvard Law School Library, Universidade de Harvard.
8. Göring / Reprodução.
9. Álbum de fotografias de Eva Braun / National Archives – 242-EB-10-48A.
10. National Archives – 238-NT-612.
11. © IWM (BU 6711).
12. Álbum de fotografias de Eva Braun / National Archives – 242-EB-8-3A.
13. National Archives – 238-NT-19.
14. Historic Image Archiver / Alamy / Fotoarena.
15. Álbum Auschwitz / Yad Vashem.
16. US Holocaust Memorial Museum, cortesia de Virginius Dabney.
17. National Archives – 242-HB-47721(306).
18. © IWM (BU 6738).

19. Bundesarchiv.
20. Yad Vashem.
21. National Archives – 263-AUSCHWITZAERIALS-12.
22. Stanisław Dąbrowiecki.
23. National Archives – 238-OMT-X-D-13.
24. National Archives – 238-OMT-V-W-16.
25. Bundesarchiv, Bild 101I-209-0086-12/Koch/CC-BY-SA 3.0.
26. Zbiory NAC – Narodowe Archiwum Cyfrowe.
27. National Archives – 242-EAPC-6-M713a.
28. Nasa.
29. Olympia-Film G.m.b.H., Berlin S.O. 36, Harzerstraße 39.
30. akg-images / George (Jürgen) Wittenstein / Fotoarena.
31. ARCHIVIO GBB / Alamy / Fotoarena.
32. Gustav Albers / Bistumsarchiv Münster.
33. Bundesarchiv, Bild 146-1984-079-02 / CC-BY-SA 3.0.
34. Álbum de Karl Höcker / Yad Vashem.
35. *Correio da Manhã*, 3 de março de 1967 (FBN – 22671, p. 10).
36. INFOCHPDPICT000089843339 – São Paulo (SP) – 01/06/1978 – Gustav Franz Wagner (nazista) – Ex-sargento da SS acusado de crimes de guerra nos campos de concentração de Sobibor e Treblinka – Depoimento no Dops de São Paulo – Foto Arquivo / Agência *O Globo* – Neg: 78-7479.
37. Arquivo Nacional.

Este livro foi composto na tipografia
Adobe Garamond Pro, em corpo 11,5/16, e impresso
em papel off-white na Gráfica Piffer Print.